AF612690

FACULTÉ DE DROIT DE PARIS

DU PRINCIPE

DE L'INALIÉNABILITÉ

DU FONDS DOTAL

ET DE SES CONSEQUENCES

EN DROIT ROMAIN ET EN DROIT FRANÇAIS

THÈSE POUR LE DOCTORAT

PAR

Paul PINCHON

AVOCAT

L'acte public sur les matières ci-après sera soutenu le jeudi 17 juin 1880, à 2 heures 1/2.

PRÉSIDENT : M. BUFNOIR, professeur.

SUFFRAGANTS : MM. LABBÉ, LÉVEILLÉ, professeurs. LEFEBVRE, LAINÉ, agrégés.

PARIS

TYPOGRAPHIE N. BLANPAIN

7, RUE JEANNE, 7

1880

A LA MÉMOIRE DE MON PÈRE

A MA MÈRE

> Il y a plus à faire à interpréter les interprétations qu'à interpréter les choses, et plus de livres sur les livres que sur autre sujet : nous ne faisons que nous entregloser : tout fourmille de commentaires.
>
> (MONTAIGNE.)

On a depuis longtemps beaucoup disserté sur le régime dotal, sur les avantages qu'il peut offrir, sur les inconvénients qu'il présente. L'ardeur qu'avaient apportée à sa défense quelques-uns de ses plus chauds partisans, leur a suscité d'impétueux contradicteurs : on demandait simplement qu'un trait de plume vînt effacer du Code ce chapitre odieux. De graves jurisconsultes n'ont pas reculé devant les plus sévères qualifications, et ont vu dans ce régime un véritable outrage à la morale. Quels sont donc les motifs qui plaident en faveur du régime dotal, ou qui le condamnent?

Selon ses défenseurs, le régime dotal est une véritable nécessité sociale; il est indispensable qu'à côté de cette fortune mobile qui sans cesse circule, et périt et renaît sous de nouvelles formes, il y ait comme une réserve pour les générations futures, un patrimoine stable et durable à l'abri des fluctuations et des hasards du commerce. A ce point de vue, le régime dotal est un des moyens que le législateur peut prendre pour assurer la conservation des biens dans les familles. L'intérêt social exige, ajoute-t-on, qu'il y ait, comme une sorte de contre-poids, dans le pays une population sédentaire, attachée au patrimoine que la famille détient depuis plusieurs générations, attachée aux traditions domestiques. Cette immobilité des fonds dans les mêmes mains n'est point mauvaise d'ailleurs au point de vue économique. Ce ne sont pas les changements de propriétaire qui donnent de la valeur aux biens : ce sont les soins incessants du propriétaire pour améliorer son immeuble : cette sollicitude, n'est-on pas en droit de l'attendre de celui qui a reçu le fonds de ses ancêtres, qui s'y est attaché, bien plus que d'un propriétaire de rencontre qui voudra faire une bonne spéculation, et tirer du fonds le plus possible, sans songer à l'avenir.

Veut-on, sans l'approuver toujours, vanter le régime dotal au moins comme régime exceptionnel, on fait remarquer qu'aujourd'hui l'inaliénabilité de la dot est facultative. Il est bon de la conserver pour être une puissante sécurité donnée aux pères de famille. Peut-on blâmer cette sollicitude un peu défiante peut-être, mais souvent bien avisée du père qui veut assurer à sa fille la conservation de sa dot? A une époque où se généralise l'esprit de prévoyance, ou l'on cherche souvent, par l'usage des assurances sur la vie, à atténuer pour la famille les risques d'un décès prématuré de son chef, peut-on enlever au père cette consolante certitude d'avoir, par les précautions du contrat de mariage, assuré le bien-être de sa fille et de ses petits-enfants? Combien, si on leur refusait les garanties qu'ils croient indispensables pour la sûreté de la dot, et le régime qu'ils préfèrent, ne constitueraient en dot qu'une rente qu'ils s'engageraient à servir! La fortune du mari, d'ailleurs, n'est-elle pas libre? A lui de travailler, à lui d'acquérir : mais la femme se contente de conserver ce que lui ont donné ses ancêtres.

Certes, il y a dans ces arguments des considérations sérieuses, et pourtant il est assez facile d'y répondre. Qu'il soit bon, en thèse générale, de conserver les mêmes biens dans les mêmes familles, c'est une doctrine économique très discutée ; mais quelque parti que l'on prenne sur ce point, on ne saurait nier que cette théorie n'est pas d'accord avec la tendance générale de nos Codes. Ce résultat économique ne peut être atteint que par un ensemble de dispositions concourant toutes au même but : telles étaient, dans notre ancien droit, celles qui concernaient les substitutions, les majorats, le retrait lignager. On les retrouve encore aujourd'hui en Espagne sous le nom de majorats, en Autriche sous le nom de pactes de famille, en Angleterre, sous le nom de fiefs taillés. Ces législations aristocratiques, qui admettent l'exclusion des filles, peuvent et doivent prendre des mesures pour leur assurer la conservation de la faible part qui leur est laissée : de pareilles dispositions intéressent alors l'ordre public. Mais doit-on conclure de même dans une législation qui laisse à la femme pleine capacité pour aliéner et pour acquérir? Et si cette protection donnée à la femme lui coûte l'immobilisation, non plus seulement d'une minime partie de la fortune patrimoniale, mais d'une part entière, d'une masse de biens qui peut être considérable, ce privilége ne peut-il devenir un abus intolérable?

Le but que l'on recherche dans l'adoption du régime dotal peut enfin n'être pas atteint : la loi vient se substituer à la femme dans les mesures à prendre pour garantir sa dot, et la laisse incapable d'aucune initiative; est-ce une condition favorable à la conservation? Si une masse de biens reste soumise au régime dotal pendant plusieurs générations de suite, les biens qui la composent pourront se retrouver les mêmes, mais leur valeur n'aura-t-elle pas souffert d'un lent et inévitable dépérissement qu'aurait pu éviter la gestion intelligente d'un chef de famille resté libre de ses actes? Les entraves que l'inaliénabilité de la dot apporte à l'activité du mari ne le paralysent pas seulement dans la gestion de la fortune de la femme : la loi, qui se charge de suppléer à l'inhabileté présumée des époux, a dû prendre tout un ensemble de précautions, et créer une hypothèque légale, inévitable conséquence de l'inaliénabilité de la dot. Le mari, à qui la dot de sa femme ne peut donner aucun crédit, ne pourra qu'à grand'peine en obtenir sur ses biens personnels grevés en première ligne, pour le compte de la femme, d'une hypothèque à laquelle elle n'a pas le droit de renoncer.

Il est, dans l'ordre purement moral, un argument qui ne doit pas être exagéré, mais qui ne manque pas de valeur. Que le père de famille croie devoir, à raisons de certaines circonstances, prendre des précautions pour l'avenir de sa fille, qu'il s'assure que la ruine du mari ne réduira pas à la misère la femme et les enfants, cela pourra être parfaitement justifié. Mais il me semble profondément regrettable que la femme ne soit, en aucune façon, associée aux intérêts matériels du mari. Qu'elle se constitue une sorte de réserve, dans certains cas, pour prévenir toute éventualité malheureuse! Mais je ne saurais admettre que, grâce à une constitution de tous biens en dot, la ruine du mari puisse n'être pour le ménage qu'un incident sans conséquences bien fâcheuses, et que les deux époux, avec une grosse dot restée intacte puissent encore étaler la même splendeur aux yeux des créanciers non payés. Cette scandaleuse situation de maris ruinés entretenus par leurs femmes, que flagellaient naguère MM. Dupin et Troplong, n'est-elle pas la condamnation du régime dotal, en tant qu'il irait au-delà des justes limites nécessaires, dans quelques hypothèses peut-être, pour assurer à la femme une sorte de réserve contre la misère?

Viendra-t-on dire que le régime dotal, s'il n'est pas peut-être le meilleur régime de droit commun, peut être utile comme mesure exceptionnelle de précaution? Sans relever le caractère blessant que présente pour le mari un tel régime présenté ainsi, constatons au moins que dans nombre de départements, c'est une précaution qui n'est jamais prise sans que pourtant les ruines amenées par l'impéritie du mari et la faiblesse de la femme y soient plus fréquentes qu'ailleurs. Le Lyonnais qui avait dans notre ancien droit rejeté l'inaliénabilité de la dot, et l'incapacité résultant pour la femme du s.-c. Velléien, n'était-il pas une des provinces les plus riches et les plus industrieuses de France?

On signale souvent les points sur lesquels la législation, en matière de contrats de mariage, s'écarte du droit commun : on pourrait ici signaler cette singularité d'un père proclamant par contrat de mariage l'incapacité de sa fille, et sa faiblesse morale avant qu'aucun acte de mauvaise administration soit venu montrer la nécessité de l'interdire. Et pourtant, avec la faveur que le régime dotal tire encore d'anciens préjugés, il faut qu'il reste inscrit dans nos Codes. Sa longue possession d'état doit le protéger contre les réformes radicales qui ont été demandées, contre une brusque abrogation. D'après la statistique officielle, sur près de 300,000 mariages et 126,000 contrats de mariage, près de 28,000 adoptent le régime dotal. L'explication de cette proportion relativement élevée de contrats adoptant le régime dotal, c'est que dans les pays où la dotalité est de tradition, la femme qui a la moindre fortune ne se mariera pas sans qu'un bon contrat lui ait enlevé la disposition de ses biens ; c'est que le notariat ne peut qu'être favorable à un régime qui nécessite la rédaction d'un contrat solennel. Il faut donc tenir compte de cette habitude invétérée. Mais au moins serait-il possible d'améliorer le régime dotal. D'éminents jurisconsultes ont depuis plusieurs années signalé les dispositions du Code civil italien comme la base possible d'une modification à notre Code. Dans la terre classique du droit romain et du régime dotal, l'inaliénabilité absolue n'est plus admise. Et, en dehors de toute convention, les tribunaux peuvent toujours autoriser l'aliénation ou l'engagement de la dot, dans les cas de nécessité ou d'utilité évidentes (art. 1405). Envisagé ainsi, le régime dotal échappe à la plupart des reproches que nous lui avons adressés. Déjà chez nous on profite souvent de la disposition de l'art. 1557 pour stipuler l'aliénabilité du fonds dotal à charge de remploi. Pourquoi ne pas généraliser cette clause, et en faire pour tous un droit inscrit dans nos Codes? Pourquoi ne pas aller jusqu'à la disposition du Code italien et substituer le contrôle des tribunaux à l'aveugle précaution prise dans un contrat de mariage, et à laquelle plus tard on ne saurait se soustraire sous l'empire de la plus évidente utilité? Dans ces conditions le régime dotal n'est plus un brevet d'infirmité intellectuelle que la femme se décerne à elle-même en signant son contrat. C'est une mesure de protection qu'elle demande, mais qui ne la paralysera pas absolument, que son intérêt mieux entendu pourra lui permettre d'écarter dans certains cas, sous le contrôle intelligent de la justice. Il y aurait là un progrès législatif à réaliser, qui n'inquiéterait point les partisans du régime dotal, qui apaiserait les impatiences de ses adversaires, et nous n'hésitons pas à nous rallier modestement aux vœux qu'exprimaient naguère des voix plus autorisées.

Puisque c'est l'inaliénabilité de la dot qui est le gros argument invoqué pour et contre le système, étudions-la, recherchons son origine historique, ses vicissitudes à Rome et dans notre ancien droit : montrons en quoi elle consiste aujourd'hui dans le Code, sur quel principe elle repose, quelles sont ses conséquences. Et cette étude, si restreinte que nous soyons obligé de la faire, montrera si le régime dotal est organisé aujourd'hui dans les conditions les plus avantageuses, ou s'il ne présente pas des inconvénients considérables.

DROIT ROMAIN

DE LA DOT

A l'époque où réunissant dans sa main toutes les magistratures, Auguste détruisait insensiblement la République romaine, on pouvait déjà reconnaître la vérité des prédictions de Caton. L'austérité des anciennes mœurs faisait place à une démoralisation croissante. On s'inquiétait, après les guerres civiles qui décimaient depuis plus de quatre-vingts ans les citoyens romains, de l'aversion de la *gens togata* pour le mariage. C'est alors qu'Auguste, en même temps qu'il frappait les célibataires par les lois caducaires, — qu'il obligeait dans certains cas le père ou la mère à doter leur fille, — établit par la loi Julia *de Adulteriis* des mesures qui devaient assurer aux femmes la conservation de leurs dots : espérant que les pères de famille ne craindraient plus de donner à leurs filles des biens que le mari ne pourrait dissiper au gré de ses caprices, et que l'appât des dots ferait enfin sur les Romains l'effet que n'avaient pu produire les exhortations répétées de l'empereur.

C'était déjà un assez ancien usage que celui des dots. N'est-il pas juste que la femme prenne sa part des charges du ménage? Au sixième siècle de Rome, Plaute estimait infortunées et « impossibles à placer » les filles qui ne pouvaient rien apporter à leurs maris. Jusque-là, il ne semble point que les lois se soient occupées de ces matières. Mais le divorce fameux de Sp. Carvilius Ruga attira l'attention sur cette importante question : Que doit donc devenir la dot, quand le mariage est dissous? Le mari était propriétaire de la dot, il n'avait pas de compte à rendre, pas de restitution à faire à la femme ou à ses héritiers : on réfléchit qu'il était bon que la femme pût, en cas de divorce, exiger la restitution des biens qu'elle avait apportés au mari : l'action *rei uxoriæ* fut créée. (An de Rome 520.)

Si la femme désormais avait le droit de réclamer sa dot, ce n'était là souvent qu'un droit illusoire : le mari, propriétaire des objets qui composaient cette dot, n'avait-il pas pu en disposer, les dissiper et se trouver dans l'impossibilité de restituer ce qu'il devait? Il était nécessaire de protéger la femme contre les dilapidations de son mari, ce fut l'objet que se proposa Auguste. Les réformes qu'il introduisit eurent ce double résultat : permettre à la femme qui exerce l'action *rei uxoriæ* de passer avant les créanciers chirographaires du mari : — défendre au mari d'aliéner le fonds dotal sans le consentement de la femme. C'est ce second point que nous nous proposons d'étudier dans la législation d'Auguste et dans les diverses modifications que subit cette législation jusqu'à sa forme dernière sous Justinien.

Les principes nouveaux furent introduits par la loi Julia *de Adulteriis* et *fundo dotali*. Si des doutes ont été élevés sur ce point, nous croyons ne pas devoir nous y arrêter. Les fragments du Digeste qui traitent de l'inaliénabilité du fonds dotal sont tirés de commentaires sur la loi *de Adulteriis*. (D., *de fundo dotali*, ffs 2, 6, 12, 13, 14.) Un passage des Sentences de Paul (liv. II, tit. 21, B, § 2) est décisif en ce sens. Qu'une loi consacrée en grande partie à la répression de l'adultère (le président Brisson estimait que vingt-huit chapitres, sur vingt-neuf, devaient s'occuper des adultères), qu'une telle loi ait contenu également des dispositions concernant le fonds dotal, cela se comprend assez : n'est-ce pas l'époque où les divorces, et les divorces pour cause d'adultère, deviennent fréquents, où l'on veut que la femme puisse contracter un second mariage, où, dans ce but, il faut lui assurer l'intégrité de sa dot? Ajoutons que le mari constatant l'infidélité de sa femme ne sera pas arrêté dans la répression de cette faute par des embarras pécuniaires, par la difficulté de restituer une dot dissipée peut-être s'il eût pu en disposer. Toutefois c'est là une idée toute secondaire, étrangère peut-être au législateur romain : nous verrons que l'inaliénabilité persiste parfois quand le divorce n'est plus possible. (D., *de fundo dotali*, l. 1.)

DE L'INALIÉNABILITÉ DU FONDS DOTAL

La loi Julia, nous dit Gaius (D., *de fundo dotali*, l. 4), défend au mari d'aliéner le fonds dotal sans le consentement de la femme. La prohibition est édictée contre le mari : c'est lui en effet qui, selon le droit romain, est propriétaire de la dot. Cette idée se présente assez naturellement à l'esprit quand on recherche par quels modes est constituée la dot. Nous voyons que le mari reçoit les choses corporelles comprises dans la dot en vertu de mancipations, ou de cessions devant le magistrat, c'est-à-dire en vertu d'actes translatifs de propriété. (Gaius, II, § 63, *et passim*.) Mais le droit de propriété du mari est encore établi par d'autres textes et plus directement.

On a contesté vivement ce droit du mari : les uns ne lui laissant qu'une sorte d'usufruit ; — les autres distinguant une propriété fictive, qu'ils reconnaissent au mari, de la propriété naturelle, réelle, qu'ils maintiennent à la femme ; — d'autres enfin pensant qu'il faut considérer le mari et la femme comme copropriétaires des biens dotaux.

Ces diverses opinions, qui ont autrefois réuni nombre de défenseurs, semblent aujourd'hui, avec raison, moins en faveur. Les arguments sur lesquels on les appuie peuvent être parfois spécieux et embarrassants; on peut cependant les écarter et rendre toute leur valeur aux textes qui reconnaissent au mari, formellement ou indirectement, un droit de propriété : c'est le mari qui possède le fonds apporté en dot, qui a l'*animus domini*, qui usucape. C'est lui qui affranchit l'esclave dotal : ce pouvoir d'affranchir ne prouve-t-il pas le droit de propriété ? Le fonds dotal est-il voisin d'un fonds appartenant au mari, et sont-ils liés l'un à l'autre par des rapports de servitude ? Ces servitudes s'éteignent par confusion. C'est encore le mari qui seul peut léguer le fonds dotal *per vindicationem*, le revendiquer, qui exerce au sujet de ce fonds les actions *furti* et *legis Aquiliæ*. La femme qui dérobe une chose dotale peut être poursuivie par l'action *rerum amotarum* ou la *condictio ob turpem causam* (D., XXVI, 2, l. 24), comme si elle avait dérobé une chose propre au mari (l'action *furti* étant refusée entre époux). Enfin Gaius (II, §§ 62, 63) et Justinien (Inst. II, tit. VIII) sont formels en ce sens.

Nous devons ajouter cependant que le droit de propriété du mari n'est pas absolu; c'est ainsi qu'il est soumis à l'éventualité d'une restitution,— qu'il ne doit retenir rien de plus qu'un usufruitier. Enfin il ne peut disposer librement du fonds dotal.

Qu'est-ce donc d'une façon précise que le *fonds dotal ?* Nous appelons *dot* les valeurs qui, soit avant, soit pendant le mariage, ont été données au mari comme représentant la part contributive de la femme aux charges du ménage : la dot, ce sont les immeubles, les choses corporelles ou incorporelles qui ont été remises au mari, par opposition aux biens dont la femme a pu garder la propriété, paraphernaux (*peculium*). Ce n'est pas cet ensemble que nous qualifions de *fonds dotal* au sens de la loi Julia. Il paraît bien certain qu'elle ne visait pas la dot mobilière, restée ainsi aliénable au gré du mari : les textes nous parlent toujours du *fundus dotalis, prædium dotale, res soli* (Gaius, II, 63. — D. XXIII, 5, *passim*. C. v. 23) toujours d'immeubles dotaux. Et nous voyons d'ailleurs que le mari avait le droit de faire acceptilation des créances dotales (D. XXIII, 3, 49). Il aliène donc ce que nous appelons aujourd'hui les meubles incorporels. — Malgré les expressions générales des textes, nous limitons cette décision aux créances mobilières. En effet, faire acceptilation équivaut à recevoir un paiement, puis à restituer la chose ; or, si le mari avait reçu réellement l'immeuble dotal du débiteur, il n'aurait pas le droit de le donner. Peut-on admettre qu'il le donne même fictivement, après le paiement fictif qu'il reçoit par l'acceptilation ?

Pour les meubles corporels, on doit également reconnaître au mari un droit de libre disposition :

il peut en effet, quand il est solvable, affranchir un esclave dotal sans faire intervenir la femme (D., XL, 1, 21). S'il est insolvable, on annulera cet affranchissement, mais ce ne sera pas à cause de la dotalité de l'esclave : ce sera une application du principe de la loi *Ælia Sentia* : la femme ayant, à cause de la déconfiture du mari, une créance actuellement exigible, on doit annuler les affranchissements faits en fraude de ses droits : on le ferait aussi bien pour l'esclave du mari que pour l'esclave dotal.

Donc l'inaliénabilité de la loi *Julia* ne frappe que les immeubles dotaux. Ici encore il faut faire une observation : la loi ne s'applique que si les immeubles sont situés sur le sol italique, — et n'ont pas été estimés.

L'immeuble, disons-nous, doit être situé sur le sol italique. C'est là une question qui avait été controversée à l'origine, nous dit Gaius (II, 63), mais qui avait été résolue en faveur de la liberté des fonds provinciaux. Peut-être (la loi Julia parlant d'*alienatio*) avait-on considéré, par une de ces subtilités que la nécessité pratique inspirait parfois au préteur, que les fonds provinciaux n'étaient pas susceptibles de domaine quiritaire, et ne pouvaient, à proprement parler, être l'objet d'une *alienatio*. Ce qui est sûr, c'est qu'ils échappaient à la prohibition d'aliéner. — Nous verrons Justinien modifier ce point et étendre l'inaliénabilité aux fonds provinciaux (C. V., 13, 1, § 15.)

Estimé, le fonds dotal cessait aussi d'être inaliénable : « *Æstimatio facit venditionem.* » Le fonds est réellement vendu au mari : il peut se le faire livrer par l'action *ex empto*, ou se faire garantir contre l'éviction par cette même action, ou par une action au double, *ex stipulatu*. (D., XXIII, 3, 16.) — S'il n'y a pas d'estimation, la garantie est demandée par une action de dol, ou *in factum*, ou par une *condictio*. (D., XIX, 1, 52, § 1.) — Le mari supporte les risques; s'il usucape, ce ne sera pas *pro dote*, mais *pro emptore*, à dater du mariage. Il était assez naturel, après avoir admis toutes ces conséquences, de pousser jusqu'au bout l'application du principe, et de ne plus donner à la femme la protection de la loi Julia, puisque ce n'était en réalité qu'une valeur, le montant de l'estimation, qui était constituée en dot.

Remarquons bien que l'estimation n'a toutes ces conséquences que si c'est une estimation véritable. Quand, prévoyant une perte possible de l'objet dotal, on détermine, dès la constitution de dot, quelle valeur devra être restituée à la femme par le mari déclaré responsable, quand, en un mot, l'estimation est faite *taxationis causâ*, les conséquences indiquées plus haut ne sont plus admissibles. En principe, c'est toujours la chose même donnée en dot qui doit être restituée. La valeur d'estimation ne sera payée que si la restitution en nature est impossible. Nous trouvons un assez grand nombre de textes traitant de cette estimation. Cet usage d'ailleurs était avantageux pour la femme : le fonds était frappé d'inaliénabilité par la loi Julia : le mari devenait responsable même de sa faute légère (*in abstracto*).

Ayant ainsi mis à part les immeubles provinciaux, et ceux qui par l'estimation peuvent être regardés comme vendus au mari, nous pouvons dire que tous les immeubles constitués en dot sont frappés par la loi Julia. Ce sont d'abord :

Les immeubles transférés au mari par une aliénation régulière, ou par une *dictio*. De l'aliénation par les modes ordinaires, nous n'avons rien à dire. La *dictio* opérait au moyen de fictions. Ainsi, supposons que le mari soit débiteur d'un immeuble. Son créancier constitue cet immeuble en dot à la femme. Le mari sera réputé l'avoir payé et l'avoir reçu ensuite du constituant. La fiction évite deux aliénations successives. Dès ce jour, l'immeuble sera dotal, si le mari en est propriétaire. Sinon il deviendra dotal dès que le mari en aura acquis la propriété.

Le mari peut être débiteur de la femme sous une condition alternative. Si la femme se constitue en dot : « Ce que doit le mari, le fonds Cornélien ou dix sous d'or, » on devra distinguer pour l'application de la loi Julia selon que le choix appartient à la femme ou au mari. Appartient-il à la femme, on ne saura, jusqu'à sa décision, s'il y aura lieu, en fin de compte, d'appliquer la loi Julia. Mais, provisoirement, on défendra d'aliéner le fonds. (XXIII, 5, 11.) Si, malgré cette défense, le mari aliénait, la femme pourrait revendiquer. Le fait d'autrui ne peut lui faire perdre son droit d'option.

Si le choix appartient au mari, il pourra déterminer indirectement l'objet de la dot en aliénant l'un des deux objets compris dans son obligation. Ayant, dans l'exemple indiqué, le choix entre un immeuble inaliénable et une valeur mobilière qui n'est pas comprise dans la prohibition de la loi Julia, le mari pourra, à son gré, éluder l'application de cette loi en se débarrassant de l'immeuble et en choisissant pour dot la valeur mobilière. (D., XXIII, 5, l. q. 9.) Ce qui est la dot, en pareil cas, jusqu'à l'option, c'est l'obligation du mari.

Un esclave fait partie de la dot : il est institué héritier, ou bien on lui donne ou lègue le fonds Cornélien. La dot est grossie de ce fonds, nous dit Julien, et par conséquent on doit lui faire l'application de la loi Julia. Nous raisonnons ici, bien entendu, en écartant le cas où le legs est fait *in contemplationem domini*. (D., XXIII, 3, 47. — XXIV, 3, 31, § 4.)

La dot comprend-elle une part indivise dans un fonds? Quand le partage a lieu durant le mariage, il faut que le mari se rende adjudicataire, pour qu'il puisse y avoir lieu d'appliquer la loi Julia. Dans ce cas, elle ne vient restreindre les droits du mari que pour la portion qui avait été constituée en dot; cette portion seule est inaliénable (D., XXIII, 3, 78, § 4). Notons ici que le mari aura le droit, à la dissolution du mariage, d'obliger sa femme à prendre l'immeuble entier, et à lui payer, pour la part qui n'était pas comprise dans la dot, une indemnité égale au prix déboursé. Les Romains semblent ici oublier la protection de la femme. — On sait que notre Code a pris le contre-pied de cette disposition, en donnant à la femme le choix, en pareille circonstance. (Code civil, art. 1408.) — Quand c'est le propriétaire ou bien un tiers, qui se porte adjudicataire, le prix versé par lui n'est pas subrogé à la portion du fonds qu'il représente (Dig. *h. t.*).

La femme est instituée héritière, et a pour substitué le mari. Elle renonce à l'hérédité, qui est alors dévolue au mari, mais il est bien convenu entre eux que cette renonciation n'a eu lieu que *dotis causâ* : s'il se trouve un fonds dans cette hérédité, il sera frappé d'inaliénabilité. Cette espèce pouvait être moins rare qu'il ne semblerait d'abord, si on songe que la dot romaine s'augmentait, se constituait même pendant le mariage.

C'est une question embarrassante que celle-ci : doit-on comprendre parmi les immeubles dotaux qui sont inaliénables sans le concours de la femme, ceux qui ont été acquis avec des deniers constitués en dot? Il est un cas où le doute n'existe pas : quand le mari, avec le consentement de la femme, achète un fonds, des deniers dotaux, ce fonds devient entièrement dotal, et doit être soumis à la loi Julia (D. XXIII, 3, ffs., 26, 27, 32) : « *fundus efficitur dotalis,* » dit Ulpien. Mais qu'arrive-t-il quand le mari, de sa seule volonté, fait emploi des sommes dotales? *A priori*, on peut faire ce raisonnement : le mari a le droit, dira-t-on, d'aliéner ou d'hypothéquer le fonds qui lui a été donné en dot avec estimation ; n'est-il pas naturel qu'on lui laisse toute liberté pour un fonds qu'il a acquis lui-même, des deniers dotaux, il est vrai ; mais ce fonds n'a jamais été compris dans la dot. Ce raisonnement est confirmé par un rescrit des empereurs Dioclétien et Maximien (C. V, 12, 12). Le fonds n'est pas acquis à la femme, n'est pas dotal. Mais la difficulté vient d'un texte de Gaius (Dig., XXIII, 3, 54). Les choses acquises des deniers dotaux, dit-il, paraissent dotales : *dotales esse videntur*. Au fond, il n'y a pas là de contradiction absolue avec le rescrit cité plus haut : Gaius ne dit pas formellement que les biens acquis par le mari soient compris dans la dot : ils *semblent* en faire partie.

Mais alors, quel est le sens de cette loi 54, Lib. XXIII, tit. 3? Si une femme s'est trompée sur la condition d'un homme, qu'elle épouse esclave le croyant libre, on lui donne un quasi-privilége; on lui permet de se faire payer avant le maître sur les biens qu'elle avait donnés à titre de dot, et sur ceux qui ont été acquis avec la dot : comme si, dit Ulpien, ces derniers faisaient partie de la dot (D., XXIV, 3, 22, § 13). Décision qui peut se traduire ainsi : ce qui est acquis avec le fonds dotal est réputé dotal quand il s'agit de l'affecter au paiement intégral de la femme.

Faut-il généraliser cette décision? Faut-il, quand le mari est insolvable, donner à la femme une revendication utile sur les choses achetées en remploi de choses dotales? Ce ne serait pas une doctrine exacte au temps de Gaius, si elle le devint dans le dernier état du droit (C. VIII, 18, 12). Selón M. Pellat, le fragment 54 de Gaius aurait été fait pour l'hypothèse suivante : le mari, débiteur de l'Etat, hypothèque le fonds acheté avec l'argent dotal; il en a le droit, d'après la théorie que nous avons exposée ci-dessus. L'Etat, non payé, vend ce fonds qui est acheté par des *prædiatores*, sorte de spéculateurs faisant ce commerce. La femme, pour le paiement de sa dot, aurait contre le *prædiator* une revendication utile ou une hypothèque privilégiée, bien que le fonds ne fût pas vraiment dotal, par une rigueur analogue à celle qui avait lieu au cas d'*usureceptio*. M. Pellat fonde cette opinion, ou plutôt cette conjecture, sur l'*inscriptio* du fragment de Gaius : ce fragment est tiré du commentaire sur l'Edit au titre *de Prædiatoribus*. — En résumé, la doctrine classique serait celle-ci : Ce qui est acquis, par le mari seul, des deniers dotaux, n'est pas dotal. Seulement on le considère comme dotal et on l'affecte au paiement de la femme, dans le cas où, par erreur, la femme avait épousé un esclave (espèce prévue par la loi 22, § 13. D, XXIV, 3) — et dans le cas où le fonds acquis en remploi est aux mains d'un *prædiator* (espèce de la loi 54, D. XXIII, 3).

Le mari, fils de famille, est-il débiteur de son père, la femme exerçant *de peculio* l'action *rei uxoriæ* aurait un privilége contre le père comme elle en a un contre le maître. — Mais il n'y a pas assimilation au fonds dotal du fonds acquis en remploi.

Pour l'application de la loi Julia il n'y a pas à distinguer les biens urbains des biens ruraux. La loi protégeait les droits de la femme sur les uns et sur les autres. Elle protégeait ces droits, qu'ils fussent la pleine propriété ou un de ses démembrements. Le mari n'avait pas le pouvoir (si la femme n'y consentait, condition que nous sous-entendons en parlant d'inaliénabilité à cette époque), d'aliéner une servitude appartenant à un fonds dotal, pas plus que le fonds lui-même. Même indisponibilité d'un usufruit reçu en dot. (D., XXIII, 5, 5.) Les servitudes actives sont en effet de véritables qualités essentielles du fonds qui a été remis au mari. Elles s'attachent si intimement à lui qu'elles ne peuvent être soumises à un autre régime.

Jusqu'ici, nous avons supposé que le mari avait le *dominium* du fonds dotal. Cette condition estelle essentielle, et faudrait-il admettre que le fonds qui aurait été mis par la femme seulement *in bonis mariti* ne tomberait pas aussi sous l'application de la loi? On pourrait croire que ceci résulte de la loi 13, § 2 (D., XXIII, 5), où il est dit que le fonds devient dotal « *quum dominium marito quæsitum est.* » Mais *dominium* n'a point eu toujours uniquement le sens de domaine quiritaire, et nous trouvons des textes où il qualifie le droit sur la chose *in bonis*. (D., XXIII, 5, 1 pr. — XXXIX, 2, 15, § 16.) Un texte d'Ulpien nous prouve même que le fonds est dotal par la tradition qui en est faite au mari (D., XXIV, 3, 5). Dans notre titre même, *de fundo dotali*, la loi 14 pr., qui dit bien que le fonds est dotal, suppose nécessairement que ce fonds est seulement *in bonis mariti*. Car le mari, Titius, acquiert le fonds par l'intermédiaire de Mævius, à qui il est livré. Or, pour que Titius acquière ainsi *per extraneum*, il faut que le fonds ait fait l'objet d'une simple tradition, et par conséquent soit seulement *in bonis mariti*.

Du reste, il semble convenable d'étendre la loi Julia même aux fonds dont le mari est simplement possesseur de bonne foi. Les jurisconsultes romains appliquaient aux biens *possédés* par les mineurs de 25 ans les règles de l'*oratio Severi*; il nous paraît juste d'étendre de même la loi Julia aux biens *possédés* par le mari.

DES PROHIBITIONS DE LA LOI JULIA

Longtemps on a cru sans difficulté, sur la foi d'un passage des Institutes, que la loi Julia avait défendu au mari l'aliénation et l'hypothèque du fonds dotal. (Inst., II, VIII, pr.) Assertion que paraissait confirmer un texte de Gaius au Digeste (D., XXIII, 5, 4). Cette doctrine avait ensuite paru devoir être rejetée, et on était à peu près d'accord pour rattacher au sénatus-consulte Velléien la défense d'hypothéquer le fonds dotal. Une nouvelle étude des textes a tout remis en question. Nous examinerons ce point plus tard.

La loi Julia défendait l'aliénation. Nous entendons par ce mot tout acte qui transfère la propriété : *omnis actus per quem dominium transfertur.* (C. V., 23, 1), acte à titre onéreux, ou à titre gratuit, entre-vifs ou à cause de mort. Pour aliéner, le mari devra obtenir le concours de sa femme, sans qu'il y ait, d'ailleurs, de formes ou d'époque déterminées pour ce consentement. Pour les formes, il n'y en a point, selon la règle ordinaire des contrats qui se forment *consensu.* Cette approbation de la femme peut être donnée sur-le-champ, ou postérieurement, voire même après la dissolution du mariage, — être expresse, ou être tacite. (D., XXIV, 3, 50.) Ainsi, on tient pour valable le legs du fonds dotal fait à un tiers, quand la femme faisant adition de l'hérédité y trouve au moins la valeur de ce fonds. Il faut noter encore que c'est le consentement de la femme même qui est exigé : quand elle est *filiafamilias*, le consentement de son père ne peut suppléer le sien, parce que c'est dans son intérêt qu'a été édictée la loi Julia et qu'elle seule peut y renoncer (D., XXIII, 5, 12, § 1). Cette intervention de la femme a d'ailleurs encore un autre effet que nous avons indiqué plus haut incidemment : elle rend dotaux les deniers provenant de l'aliénation, et les subroge au fonds vendu (D., XXIII, 3, 32).

Cette faculté pour la femme de consentir à l'aliénation du fonds dotal caractérise le régime de la loi Julia. Ce que les Romains ont en vue, en protégeant la femme, c'est la nécessité de protéger la dot contre l'abus du pouvoir du mari. La faiblesse de la femme, l'*infirmitas sexûs*, on n'y a point songé encore : il suffit que la femme ne puisse être dépouillée par son mari. Doctrine qui bientôt sera modifiée par les Edits de Claude, par le Velléien, et ira se dénaturant jusqu'au jour où Justinien, partant d'un point de vue tout différent, proclamera l'inaliénabilité absolue en croyant seulement développer les anciens principes. La loi Julia ne vise pas la capacité de la femme, mais la disponibilité du bien dotal.

L'aliénation n'est donc pas possible sans le concours de la femme : et c'est ainsi que les textes prohibent, outre la transmission de la propriété, l'aliénation des servitudes existant au profit du fonds dotal (*amissio servitutum*), la création de servitudes, usufruit, usage, grevant le fonds.

La prohibition de transmettre la propriété comprenait tout acte à titre gratuit ou à titre onéreux, entre-vifs ou à cause de mort. On n'admettait pas même le simple contrat de vente, qui pourtant ne donnait à l'acheteur qu'un droit de créance. (D.. XXIII, 5. 12, § 1. — XLI, 3, 42.) L'acheteur qui avait payé son prix, n'avait, en pareil cas, qu'une *condictio indebiti* (D., XII, 6, 37).

Cette décision des jurisconsultes en matière de vente nous fait croire qu'ils auraient pareillement repoussé la validité d'un legs *per damnationem* de l'immeuble dotal.

Le droit de la femme étant une copropriété de fonds indivis, le mari ne peut provoquer le partage. Mais le copropriétaire peut le demander (C. V. 23, 2).

Restreindre la pleine propriété était aussi un acte défendu au mari. Il résulte d'un texte de Pomponius qu'il ne pouvait concéder un droit de superficie sur le fonds dotal. (D., XXIII, 3, 32). Nous croyons que pareille solution doit être donnée pour l'emphytéose, véritable droit réel qui diminuait la propriété. La création de servitudes, prédiales ou personnelles, grevant le fonds, tombait également sous le coup de la loi (D., XXIII, 5, 5).

La servitude existant au profit du fonds dotal ne peut être aliénée directement ou indirectement.

La qualité de fonds dotal s'étend à la servitude active qui n'en est qu'un accessoire. Et comme on ne peut concevoir une servitude existant indépendamment du fonds, une servitude qui ne lui serait pas unie intimement, si, pendant le mariage le mari acquiert des servitudes au profit du fonds dotal, elles augmenteront la dot et seront dotales et inaliénables, fussent-elles acquises *ex re mariti*, (sauf le droit qu'aurait en ce cas le mari de se faire indemniser).

Le mari, qui ne peut céder une servitude dotale, ne peut la laisser périr par le non-usage de deux ans (servitude rurale) — ou par l'*usucapio libertatis* (servitude urbaine). C'est l'application du principe formulé dans la l. 28 pr. (D. L, 16) : « *eum alienare dicitur qui non utendo amisit servitutas.* » Principe appliqué aux biens des mineurs de 25 ans. (D, XXVII, 9, 3, § 5.)

Ces principes ne sont pas battus en brèche par la décision de la loi 7 (D, XXIII, 5), selon laquelle les servitudes dotales s'éteignent par confusion, quand le mari est propriétaire du fonds servant ou le devient pendant le mariage. L'extinction ici est nécessaire et a lieu par l'effet de la loi. Si le mari vient à vendre le fonds qui devait la servitude, il devra prendre soin de retenir cette servitude au profit du fonds dotal. Il en est responsable envers sa femme; mais si l'acheteur ne s'est pas obligé personnellement, lors de la vente, à reconstituer le droit, nous ne voyons pas que la femme puisse agir contre lui, et si son mari est insolvable, elle perdra la valeur dont son fonds sera ainsi amoindri.

Dans une autre hypothèse voisine de celle-ci, la solution serait différente. Le mari, pendant le mariage, acquiert un fonds servant par rapport à l'immeuble dotal: par la confusion, la servitude s'éteint. Mais l'acquisition est résolue pour un motif quelconque (*addictio in diem*, — vices rédhibitoires); les choses doivent être remises dans leur ancien état, le mari pourra et devra exiger le rétablissement de la servitude: s'il néglige de le faire, la femme pourra, lors du divorce, se faire céder l'action du mari contre le propriétaire du fonds servant. Quelle est la nature de cette action? Est-ce une action confessoire, ou une simple action personnelle? Il semble que ce soit une action personnelle, car la servitude avait été éteinte par confusion et son rétablissement n'aura lieu qu'en vertu de principes d'équité. On invoque aussi en faveur de cette opinion l'expression *utiles actiones* de la l. 7, *h. t.* qui, dit-on, peut bien viser les actions personnelles nées du contrat, et qui varient selon la cause de la résolution (*empti*, *redhibitoria*); mais cette forme de pluriel serait impropre s'il ne s'agissait que de l'action confessoire.

Nous avons jusqu'ici parlé seulement des servitudes prédiales. Quand la dot porte sur un usufruit, cet usufruit continue de reposer sur la tête de la femme, mais le mari en a la jouissance. La loi Julia cesse ici de s'appliquer, en ce sens que le mari peut, sous sa responsabilité, faire *cessio in jure* de cet usufruit ou le laisser périr par le non-usage. Comme la loi parlait de *prædium dotale*, les jurisconsultes pensèrent que ces mots ne pouvaient comprendre l'usufruit, droit tout personnel et ils s'en tinrent au texte. Il ne semblait pas, d'ailleurs, que ce fût là dans la dot une valeur aussi sérieuse qu'une servitude prédiale. Du reste, si la loi Julia ne permettait pas de faire rétablir l'usufruit aliéné par le mari, la femme avait toujours son action en indemnité.

Cet usufruit de la femme pouvait ne pas porter sur le fonds d'un tiers, mais, par exemple, sur le fonds du mari. Titia a un usufruit sur le fonds de Mævius : elle épouse Mævius en se constituant en dot cet usufruit; par la confusion, il s'éteint : mais si, du vivant de la femme, il y a lieu de restituer la dot, Titia pourra réclamer le rétablissement de l'usufruit, comme s'il s'agissait d'une servitude prédiale.

Titia est propriétaire du fonds Cornélien. En épousant Mævius, elle se constitue en dot l'usufruit de ce fonds. Ici le mari ne pourra renoncer à cet usufruit par *cessio in jure* : le principe qui s'y oppose, c'est l'interdiction des donations entre époux. Mais il peut laisser son usufruit se perdre par un non-usage de deux ans. L'usufruit faisant alors retour à la femme, elle n'a plus de dot : en ce sens que c'est elle qui a profité de l'extinction de l'usufruit, et qu'elle ne pourra demander au mari, par l'action de la dot, compte de cet usufruit. (D., XXIII, 3, 78, § 2.)

Quand la perte de la servitude n'est pas préjudiciable à la femme, il ne s'ensuit pas qu'elle soit possible. Il faut tenir compte des principes ordinaires sur les donations entre époux. Le mari ne pourrait faire cession à la femme d'une servitude appartenant au fonds dotal sur le fonds paraphernal. (D., XXIV, 1, 3. § 10.) Mais par le non-usage de deux ans, ne pourrait-il laisser périr cette servitude (nous supposons une servitude rustique)? Il pourrait y avoir quelque doute sur cette question : le mari, dont le fonds a une servitude sur un fonds paraphernal de la femme, peut l'abandonner par non-usage (D., XXIV, 1, 5, § 6) sans violer la prohibition des donations entre époux. Mais si le fonds dominant, par rapport au paraphernal de la femme, est fonds dotal, l'abandon de la servitude ne pourra plus avoir lieu même par non-usage: ici, c'est la loi Julia qui le défend. Et cela sera utile à la femme si elle n'est plus propriétaire de son paraphernal quand le mariage sera dissous.

En résumé, voici la doctrine romaine sur l'*amissio servitutum :* Servitudes prédiales : 1° Au profit d'un étranger, le mari ne peut en disposer ni par *cessio*, ni par non-usage. — 2° Au profit de la femme, le mari ne peut faire de *cessio*, il ne peut pas ne pas user de la servitude qu'aurait le fonds dotal sur un paraphernal.

Servitudes personnelles : 1° Au profit d'un étranger, le mari peut faire cession de l'usufruit dotal, ou ne pas en user. — Au profit de la femme, il peut s'abstenir d'user de l'usufruit, mais non pas en faire la cession.

C'était par application de cette idée, qu'il était bon que la femme, à la dissolution du mariage pût trouver sa dot intacte, qu'on avait défendu au mari de restituer la dot avant terme. La prohibition des donations entre époux suffit-elle pour empêcher cette restitution? Non : nous savons que les conjoints pouvaient se faire des donations de fruits (D., XXIV, 1, 17). Or, quand le mari avait par anticipation restitué sa dot à la femme, celle-ci, après avoir payé les dépenses du ménage, ne gagnait pas l'excédant de fruits (C. V. 19, *l. un.* — V. 12, 20). On se trouvait donc en présence d'un principe plus sévère que celui qui défendait les donations entre époux. La destination de la dot étant de subvenir aux charges du ménage et si l'union présente venait à se dissoudre, il fallait que la femme pût contracter un second mariage en apportant cette même dot au second mari; il ne fallait pas que ce but fût manqué. Le mari était une sorte de dépositaire, chargé de rendre à la femme sa fortune quand le mariage viendrait à se dissoudre : les mêmes lois qui prenaient des mesures pour assurer à la femme l'intégrité de sa dot ont dû veiller à ce que le mari ne s'exonérât pas avant l'heure du dépôt qui lui était confié. La défense de restituer devait être une mesure prise uniquement dans l'intérêt de la femme. Quand un intérêt supérieur, quand le péril de la dot l'exigeait, la restitution anticipée pouvait avoir lieu : elle était simplement facultative dans trois cas prévus par la loi 73, § 1 (D., XXIII, 3) : pour subvenir à l'entretien de la femme et de ses gens ; — pour secourir ses parents ou son mari dans le besoin ; — pour acheter un fonds productif.

La restitution était obligatoire quand le mari devenait insolvable.

PENDANT QUEL TEMPS S'APPLIQUE LA LOI JULIA

La loi Julia ne restreignait les droits du mari qu'à dater du mariage. Jusque-là, à parler strictement, il n'y avait pas encore de dot, puisque les translations de propriété qui avaient pu être faites étaient subordonnées à la condition tacite : « *si nuptiæ secutæ sint.* » Les jurisconsultes, interprétant la loi, jugèrent avec raison que le fiancé qui, en vue du mariage prochain, a reçu les biens dotaux, ne devait pas avoir de plus larges pouvoirs que le mari, et Gaius nous dit que le fiancé sera lié par la loi Julia (D., XXIII, 5, 4). Le jurisconsulte Julien donne une pareille décision (C. VI, 61, 5). Si le mariage n'a pas lieu, la fiancée se fera restituer ce qu'elle avait donné, par une *condictio sine causa,* qui sera privilégiée entre les actions personnelles comme le serait une action de dot (D. XXIII, 3, 74).

La dissolution du mariage ne mettait pas toujours fin à l'inaliénabilité. (D., XXIII, 5, 12.) Tant que subsiste l'obligation éventuelle de restituer la dot, celui qui est obligé à la restitution est tenu par la loi Julia : ce sera le mari, en cas de divorce; ce sera son héritier, quand le décès du mari arrive avant la restitution; le père du mari, dans le cas où celui-ci est fils de famille; son maître, s'il est esclave, bien que passant pour libre, ne peuvent davantage aliéner le fonds dotal. L'inaliénabilité ne cesse que le jour où la femme a reçu sa dot, ou bien quand le mari l'a gagnée définitivement.

DE L'HYPOTHÈQUE DU FONDS DOTAL

Une question délicate se présente maintenant. Y avait-il dans la loi Julia une autre défense que celle d'aliéner? L'hypothèque y était-elle interdite? D'après les Institutes (II, 8, pr.) — d'après Gaius (D., XXIII, 5, 4) d'après Justinien au Code (V., 13, l. unic., § 15) la loi Julia défendait l'hypothèque, et cela même du consentement de la femme. On en donnait une raison, d'ailleurs : la femme qui hypothèque ne reçoit pas de compensation comme lorsqu'elle vend (Théophile, Paraphrase); la somme reçue sera employée le plus souvent à payer des dettes. Il est possible, ajoutait Cujas, qu'elle se laisse entraîner plus facilement à l'hypothèque, dont elle apercevra moins bien les conséquences.

Cependant, et malgré les textes, une opinion s'est formée, qui est soutenue de l'autorité de savants commentateurs, et qui se refuse à voir dans la loi Julia l'origine de la prohibition d'hypothéquer. Des affirmations de Justinien, on ne tient pas compte : il a commis aux mêmes passages cités, une erreur en affirmant que la loi Julia n'était faite que pour l'Italie; nous savons en effet que la question était douteuse au temps de Gaius (*Comm. Gaii*, II, 63). Ce que Justinien attribue à la loi Julia, c'est donc un résultat de la pratique. S'étant trompé sur ce point, il a pu commettre une autre erreur dans ce même texte, et nous pouvons ne pas nous préoccuper de son affirmation si nous trouvons des preuves qui la contredisent. Or, dit-on, rien ne démontre que l'hypothèque ait existé en Italie à l'époque d'Auguste. Donc la loi Julia ne pouvait la prohiber. Ceci n'est sans doute qu'une conjecture : mais deux textes qui nous parlent de la loi Julia (et que nous devons croire plutôt que les textes remaniés par Justinien), ne font aucune allusion à cette défense d'hypothéquer : ces textes sont le § 63 du Commentaire II, de Gaius, le § 2 des Sentences de Paul (II, XXI, B.). Si le texte de Gaius inséré au Digeste (D.,

XXIII, 5, 4) parle d'*obligatio*, c'est une interpolation de Justinien, selon les uns ; selon d'autres, une redondance exprimant la même idée que *alienatio ;* ou enfin une allusion à une sorte de droit de gage qu'avait le fisc sur les biens de ses débiteurs. Que l'on suive l'une ou l'autre de ces opinions, il n'en reste pas moins vrai que les anciens auteurs en parlant de la loi Julia ne font aucune allusion à l'hypothèque. N'est-on pas en droit d'admettre qu'on est bien en présence d'une erreur de Justinien, et que la loi Julia emportait seulement défense d'aliéner.

Quant à l'origine de la défense d'hypothéquer, on la trouve dans le sénatus-consulte Velléien. Auguste avait défendu aux femmes d'intercéder pour leurs maris. Claude avait renouvelé la défense (D., XVI, 1, 2 pr.). Le *pignus* étant un vrai cautionnement, on le défendit à la femme. Le sénatus-consulte Velléien étendit la prohibition, l'intercession fut absolument interdite.

De ce point de vue, résultent les conséquences suivantes : 1° si l'hypothèque est consentie dans l'intérêt de la femme, on ne peut plus y voir une *intercessio* (D., XVI, 1, ffs. 13, 21, 22), donc elle est valable. Elle est valable encore quand il s'agit de doter une fille, de défendre le mari absent ou malade, quand il y a eu dol de la femme (D., XVI, 1, 2, § 3, C. IV, 29, 5).

2° Dans les cas où la prohibition a été violée, il y aura lieu d'opposer l'exception du sénatus-consulte, — ou d'intenter une *condictio indebiti.*

Selon une opinion, discutée d'ailleurs, la femme pouvait renoncer au bénéfice du S.-C. Velléien. Sous Justinien, l'*intercessio* se validant par une confirmation après deux ans (C. IV, 29, 22), la validation d'une hypothèque pouvait assurément avoir lieu par cette confirmation.

Telle est la doctrine longtemps admise sur ce point, mais qui vient d'être remise en question par de nouvelles études.

Si en effet les anciens textes, ceux de Paul et de Gaius, ne parlent que d'aliénation, ce n'est point un argument concluant. Gaius donne la loi Julia comme exemple d'un cas où le propriétaire ne peut aliéner. — Paul il est vrai ne cite que l'aliénation. Mais, en revanche, le second texte de Gaius (D., XXIII, 5, 4) parle aussi d'obligation du fonds dotal, et rien ne prouve une interpolation. S'il n'entre pas dans les distinctions de Justinien, c'est qu'il énonce seulement les dispositions de la loi pour dire qu'elles seront applicables au fiancé. On ne peut donc tirer des textes aucun argument contre l'assertion de Justinien, et il est permis de lui faire grâce d'une bévue assez lourde. Nous sommes tout disposé à le croire, tant qu'on ne démontre pas son erreur : et cette preuve n'a pas été faite.

Quant à l'argument qui consiste à dire : l'hypothèque était inconnue en Italie à l'époque d'Auguste, c'est une assertion sans preuves. On a même pu citer en sens contraire un grand nombre de textes littéraires où l'expression *pignus* revient fréquemment (Térence, *Phormion*, — *Truculentus*, II, 1, 3. — Catulle, *ad Fur.* 26). Faut-il traduire, dans ces textes, « *pignus* » par « hypothèque », — ou par « aliénation fiduciaire »? Nous n'en voulons conclure qu'une chose, c'est que l'on ne peut dire contre notre opinion : l'hypothèque était inconnue en Italie sous Auguste. — Il est d'ailleurs certain qu'elle était pratiquée dans les provinces (Cic., *ad Att.*, 13, 56).

Ce sont là des arguments qui tendent seulement à détruire ceux de nos adversaires. On peut en trouver un plus direct contre l'autre opinion. Quand Justinien dit que l'aliénation du consentement de la femme est interdite absolument, il l'assimile entièrement à l'hypothèque. Or l'aliénation faite malgré la loi est nulle, et nulle l'hypothèque du fonds dotal. Et comme Justinien n'innove pas en ce qui touche l'hypothèque, si la défense d'hypothéquer avait pour sanction la nullité, c'est qu'elle ne venait pas du S.-C. Velléien (v. ci-dessus, 2ᵉ conséquence de la première doctrine), mais de la loi Julia. (M. Labbé, à son cours.)

De cette doctrine, concluons : 1° que l hypothèque consentie malgré la loi est nulle *ipso jure*; — 2° qu'elle est nulle sans qu'il y ait à considérer la bonne foi des tiers; — 3° qu'elle est nulle même quand elle a été consentie dans l'intérêt de la femme.

Pour nous, en présence des textes précis de Justinien, considérant que la distinction qu'ils mentionnent entre l'aliénation et l'hypothèque peut se justifier, et qu'aucun argument irréfutable n'est allégué contre cette doctrine, nous croyons devoir nous en tenir au système des premiers interprètes du Code, et nous verrons dans la loi Julia l'origine de la défense d'hypothéquer.

EXCEPTIONS A LA PROHIBITION DE LA LOI JULIA

Nous avons vu que le fonds dotal restait aliénable quand la femme consentait à cette aliénation ou la ratifiait. Car ce n'était pas contre sa faiblesse qu'on voulait la protéger, mais contre l'abus de pouvoir du mari, et dès que l'on ne sentira plus la nécessité de protéger la femme contre l'omnipotence du mari, propriétaire de la dot, on cessera de déclarer le fonds inaliénable. Tous les cas d'aliénation que nous avons vus jusqu'ici, et qui étaient défendus, nous présentaient des aliénations de biens particuliers. On peut établir ce principe : la loi Julia ne s'applique que si deux conditions sont réunies : 1° L'aliénation a lieu à titre particulier ; — 2° c'est une aliénation volontaire. Ceci demande quelques développements.

La loi Julia ne recevait pas d'application quand il s'agissait d'une aliénation nécessaire. Solution conforme aux principes, puisque l'unique but de la loi avait été d'empêcher la dissipation de la dot par le mari. Le fonds dotal se trouvera ainsi aliéné *ex causa necessaria* si le mari refuse de fournir la caution *damni infectis*. (D., XXIII, 5, 1.) Le terrain que la femme a donné en dot fait craindre un éboulement et menace un fonds voisin. Le mari est amené *in jus* pour fournir une *cautio*, pour promettre d'indemniser le propriétaire voisin; il refuse cette *cautio* : le préteur envoie le voisin en possession de tout ou partie du fonds dotal, à titre purement conservatoire. Rien n'est changé dans les droits des parties, le mari reste propriétaire et possesseur civil, le demandeur peut seulement prendre les mesures propres à prévenir le dommage redouté. Mais si, après un certain délai, le mari s'obstine à ne vouloir pas donner la *cautio*, un second décret du magistrat, rendu après examen de l'affaire, deviendra pour le voisin demandeur un titre légitime d'acquisition. Mis en possession, le demandeur acquerra la propriété par l'usucapion, sans que les offres du mari puissent l'en empêcher. La propriété sera acquise définitivement le jour où le temps requis pour usucaper sera accompli. (D., XXXIX, 2, l. 15, 16, 20-23, 30, 31, 33.) — Pour les biens des pupilles nous trouvons une solution pareille.

Il y avait encore aliénation nécessaire, et valable, quand, le fonds dotal étant indivis entre le mari et un tiers, il était sur la demande de ce dernier procédé au partage. (C. V, 23, 2.) Le mari n'aurait pu provoquer le partage, ce qui eût été d'après les principes romains, provoquer une aliénation. Mais, quand l'action était intentée par le propriétaire, le partage ne se trouvait plus atteint par la loi Julia, puisqu'il n'y avait là aucun acte de volonté imputable au mari.

Si le partage avait lieu en nature, c'était déjà une aliénation selon la théorie romaine que nous traduisons aujourd'hui ainsi : le partage est translatif de propriété. Il pouvait aussi arriver que le fonds fût en totalité adjugé à l'un des copropriétaires, ou à un tiers. Nous n'avons pas à prévoir le cas où l'adjudication avait lieu au profit du mari. Mais, faite au profit du copropriétaire, ou d'un étranger, elle est encore valable : et ici c'est une aliénation de la totalité du fonds, le mari ne sera plus débiteur éventuel envers la femme que d'une valeur. (D., XXIII, 3, 78.)

Doit-on admettre un troisième cas d'aliénation nécessaire, restant par conséquent en dehors de l'application de la loi Julia? Le fonds dotal est possédé par un tiers, et revendiqué par le mari ; le juge ordonne au défendeur de restituer : mais s'il n'obéit pas, et si on n'admet pas la possibilité d'assurer *manu militari* l'exécution de l'ordre du juge, il y aura là, en définitive, une aliénation qui ne sera pas imputable au mari, une aliénation valable. La question se pose donc ainsi : est-il certain que l'exécution *manu militari* fût impossible? En l'absence de textes, il semblerait tout naturel que le magistrat mît la force au service de sa prescription. Mais les formules d'actions arbitraires qui nous sont parvenues ne font aucune allusion à une contrainte matérielle possible. Deux passages de Gaius, les §§ 89 et 163 du Commentaire IV, paraissent bien établir que, si le défendeur restituait, c'était de son plein gré. Il nous paraît certain qu'au temps de Gaius, l'emploi de la force est impossible pour vaincre sa résistance.

Mais le droit ne s'était-il pas modifié à l'époque d'Ulpien? C'est ce qui paraîtrait résulter d'un texte de ce jurisconsulte, la l. 68 (D. VI, 1), où nous trouvons ces expressions : « *qui restituere jussus, judici non paret contendens non posse restituere, si quidem habeat rem, manu militari, officio judicis ab eo possessio transfertur.* » Ce texte a été par des commentateurs très autorisés interprété en ce sens que la résistance du défendeur pouvait être domptée par l'emploi de la force. D'autres, au contraire, l'ont accusé d'interpolation, se fondant sur l'existence du *jusjurandum in litem* (par lequel le demandeur fixe le montant de la condamnation qu'il désire obtenir), existence qui se comprendrait mal si on pouvait faire exécuter réellement la restitution par la force. Nous inclinons à suivre une opinion intermédiaire, qui se résume ainsi : L'interpolation n'est pas prouvée, et le même Ulpien parle ailleurs encore de *manus militaris* (D., XLIII, 4, 3). Donc nous pensons que la force pouvait parfois être employée; mais, et nous nous séparons ici de la première opinion, nous pensons aussi que l'on ne pouvait dans tous les cas la requérir. Si on l'avait pu toujours, ne pas l'employer eût été une abdication volontaire d'un droit : or, en matière de tutelle, nous savons que si la *litis æstimatio* était payée au lieu de la chose revendiquée, on voyait là une aliénation nécessaire. (D., XXVII, 9, 3, § 2). Cela suppose certains cas où la force ne pouvait être employée. Reste à savoir quand elle pouvait l'être : et si nous remarquons ces mots d'Ulpien, dans la l. 68, *de rei vindicatione* : « *contendens non posse restituere* » nous admettrons que l'emploi de la force était admis quand, à l'ordre de restituer, le défendeur avait répondu par une allégation mensongère, disant : « Je ne peux pas restituer, » alors qu'il possédait l'objet réclamé. Dans cette espèce, et dans cette espèce seule, le demandeur avait le choix entre se faire payer l'*æstimatio litis*, ou se faire restituer la chose en nature, par la force. Dans tout autre cas, il ne pouvait que réclamer le paiement de l'*æstimatio* à défaut de restitution. Et, par conséquent, dans tout autre cas, si le défendeur ne restituait pas volontairement, il y avait une aliénation nécessaire, et s'il s'agissait d'un fonds dotal revendiqué par le mari, ce fonds se trouvait aliéné valablement sans que la loi Julia pût s'appliquer ici.

La loi Julia, avons-nous dit, s'appliquait aux

aliénations de biens particuliers, mais non pas aux aliénations *per universitatem* : le fonds dotal peut se transmettre *per universitatem* (D., XXIII, 5, 1, § 1). En pareil cas, en effet, le successeur est tenu des obligations de son auteur, de même qu'il succède à ses droits, et la transmission ne cause aucun préjudice à la femme. Quand le mari venait à mourir avant d'avoir restitué, son héritier (et nous prenons ce mot dans son sens le plus large), son héritier recueillait le fonds dotal, avec les autres biens. — Autre exemple : le mari, affranchi, est convaincu d'ingratitude envers son patron ; il il est réduit en servitude, et le maître deviendra propriétaire du fonds dotal, comme des autres biens de l'affranchi. -- Le fisc vient-il à recueillir l'hérédité du mari à la place d'un héritier incapable ou indigne (lois caducaires), — ou en vertu d'une confiscation résultant d'une condamnation suivie de grande ou moyenne diminution de tête? le fonds dotal était transmis avec les autres biens. — Quand le mari, *sui juris*, se donne en adrogation, l'adrogeant devient propriétaire de tous ses biens, y compris le fonds dotal. Si nous supposons une adoption proprement dite, il semble que le fonds dotal doivent passer du père naturel au père adoptif, par application de ce principe : « *Onera ejus qui in adoptionem datus est, ad patrem adoptivum transferuntur.* » (D., I, 7, 45.)

L'entrée du mari dans une société de tous biens était encore une cause d'aliénation non défendue par la loi. Tous les objets appartenant à chacun des associés deviennent aussitôt indivis entre eux tous. La société acquiert ainsi la dot, en est débitrice si la restitution en est demandée, ou le gagne si la restitution cesse d'en être due. (D., XVII, 2, 65, §§ 16 et 66.)

Voilà donc cinq hypothèses où le fonds dotal était transmis en bloc avec les autres biens du mari. Qu'on ait décidé ainsi, rien de plus juste, puisque la volonté du mari n'intervenait pas dans ces actes, ou, du moins, n'intervenait pas dans le but direct et immédiat d'aliéner le fonds dotal. Du reste, la femme ne restait pas sans garanties, et la loi Julia restait applicable au fonds dotal dans les mains du nouveau propriétaire : l'héritier, le maître, le fisc, ou l'adoptant, les coassociés ne pouvaient aliéner le fonds qui avait été transmis avec les autres biens du mari sans cesser de porter avec lui son caractère d'inaliénabilité.

Il est un autre cas de transmission de biens *per universitatem*, c'est la vente en bloc du patrimoine d'un débiteur insolvable. Si on vient à faire la *venditio bonorum* des biens du mari insolvable, la femme ne pourra demander la distraction des biens dotaux, qui seront vendus avec les autres. Mais, puisqu'il y a déconfiture du mari, ce sera l'occasion de demander la restitution anticipée de la dot, et la femme aura ainsi une action personnelle privilégiée. Elle recevra ainsi un dividende dont il lui faudra se contenter ; ce dividende reçu, elle n'aura plus aucuns droits. Donc, dans les mains de l'*emptor bonorum* les biens provenant de la dot de la femme ne seront pas inaliénables : l'aliénation ne peut plus être interdite quand la femme n'a pas d'action en restitution. (D., XXIII, 5, 3, § 1.) Du reste, quand nous arriverons à l'étude de la législation de Justinien, nous trouverons des modifications à ces principes.

A côté des modes d'aliénation directe du fonds dotal, nous avons à étudier dans notre droit moderne l'influence que peuvent avoir sur le fonds dotal les dettes; puisque en vertu du principe de l'art 2092, contracter une dette, c'est donner un gage général à son créancier, c'est lui concéder éventuellement le droit de faire vendre les biens du débiteur.

Quelle était donc, en droit romain, l'influence des dettes du mari ou de la femme sur les biens dotaux? La femme romaine, en effet, si elle n'était pas *in manu mariti*, était capable de s'obliger, sous les restrictions qu'avaient édictées les édits sur l'intercession.

Le système de la *venditio bonorum*, organisée au sixième ou au septième siècle, donnait le droit aux créanciers non payés, d'obtenir moyennant certaines conditions et formalités, une sorte de déclaration de faillite de leur débiteur: le magistrat les envoyait en possession de la totalité des biens, et la procédure se terminait par la mise en vente de tous ces biens, en masse. Quand les dettes du mari amenaient la mise en vente de son patrimoine, les biens dotaux étaient vendus avec les autres, c'était, ainsi que nous l'avons dit plus haut, un cas où la loi Julia ne s'appliquait pas, l'aliénation se faisant en bloc. Le mari pouvait donc par les dettes qu'il contractait, amener l'aliénation du fonds dotal.

Quant à la femme, comme les biens dotaux n'étaient plus dans son patrimoine, mais dans celui du mari, les dettes qu'elle contractait au cours du mariage ne pouvaient influer sur la dot. Avait-elle des dettes antérieures au mariage? Tous les créanciers peuvent attaquer la constitution de dot par l'action Paulienne, qui triomphera si le mari est *conscius fraudis;* (D., XLII, 8, 25, § 1) — la réception de la dot était, pour les Romains, un contrat à titre onéreux. — Si la femme avait, avant le mariage, consenti une hypothèque sur son fonds, l'action quasi-Servienne pouvait être exercée par le créancier et l'immeuble vendu à l'échéance (D., XX, 4, 19). Le mari, ainsi poursuivi par l'action hypothécaire ou par l'action Paulienne, abandonnant l'immeuble dotal, il y a une sorte d'aliénation *ex causa necessaria*, permise par conséquent. (D., XXIII, 3, 85; XXIV, 3, 20.)

Si le mari a été *nescius fraudis*, il n'y a pas lieu de le poursuivre par l'action Paulienne; mais quand la femme s'est constitué en dot tous ses biens on doit appliquer le principe *bona non intelliguntur nisi deducto œre alieno*. La femme répéterait contre son mari une portion de ses biens jusqu'à concurrence de la somme nécessaire à l'acquittement de ses dettes, soit par une *condictio indebiti*, si elle s'est dotée par *promissio* ou *stipulatio*, soit par une action *in factum* si elle s'est dotée par dation (XXIII, 3, 72, D.)

En principe la femme n'étant plus propriétaire de sa dot, passée dans le patrimoine du mari, les dettes qu'elle pouvait contracter au cours du mariage n'avaient aucune influence sur les biens dotaux. Mais on a beaucoup discuté sur une espèce voisine qui, sans entraîner précisément une aliénation permise du fonds dotal aurait dispensé le mari de restituer et, par suite aurait eu pour résultat de soustraire le fonds à la prohibition de la loi Julia : nous parlons des dépenses faites sur le fonds dotal. Pour les dépenses d'agrément ou d'entretien, elles restent à la charge du mari. Les dépenses utiles donnent lieu à une *deductio* au moment de la restitution de la dot. Mais, les jurisconsultes romains ne s'accordent pas sur l'effet des dépenses nécessaires. Selon Ulpien, elles diminuent la dot : « *necessarias impensas dotem minuere.* (D., XXV, I, 5, § 1.) Mais quand la dot ne comprend que des corps certains, le mari n'a qu'un droit de rétention à la dissolution du mariage pour garantir sa créance. S'il y a dans la dot une somme d'argent, elle sera *ipso jure* diminuée du montant des dépenses. L'immeuble dotal ne pourrait être compensé avec les dépenses.

Une doctrine contraire est enseignée par Scævola. Quand les dépenses nécessaires atteignent la valeur du fonds, elles se compensent avec lui, et il cesse d'être dotal si la femme ne rembourse pas dans le délai d'un an. (D., XXIII, 3, 56, § 3.) Cette doctrine, citée par Paul, soulève une difficulté que signale ce jurisconsulte. Le fonds cesse d'être dotal le jour où les dépenses en atteignent la valeur, et il doit cesser d'être inaliénable. Mais la femme rembourse les dépenses : cette somme forme-t-elle une nouvelle dot? Doit-on au contraire décider que le fonds recouvrera son caractère de fonds dotal? Mais alors, *quid* s'il a été aliéné? Telles sont les difficultés que suscite la doctrine de Scævola. Et le mieux, ajoute Paul, c'est de dire que le fonds redevient dotal. Toutefois, provisoirement, on en interdit l'aliénation.

Ces textes prouvent que l'accord n'existait pas sur cette question entre les jurisconsultes classiques. Quelle fut la doctrine définitive? Nous inclinons à croire que ce fut celle de la loi 56, § 3 (D., XXIII, 3). Car cette loi porte une double trace d'un remaniement. Il est fort probable qu'elle ne parlait pas du délai d'un an pour le remboursement ; ce texte énonce l'opinion d'un jurisconsulte ; or, selon l'expression de Cujas, c'est aux constitutions qu'il appartient de fixer des laps de temps, et non aux commentateurs. La dernière phrase, où on fait dire à Paul : le mieux est de dire que le fonds redevient dotal, — est rédigée d'une façon assez bizarre, et offre ceci de singulier que Paul semble adopter l'opinion de Scævola, qu'il blâmait deux lignes avant. Aussi a-t-on cru le texte remanié par les compilateurs du Digeste : ils auront oublié de corriger de même le texte d'Ulpien, oubli explicable : l'un appartient à la série édictale, l'autre à la série sabinienne, et sans doute elles n'étaient pas revues par la même commission de jurisconsultes. La doctrine de Scævola aurait donc triomphé définitivement. Le fonds, quand les dépenses en atteignent la valeur, cesse d'être dotal, si volontairement la femme n'a remboursé les dépenses dans l'année. Pendant ce délai, il est encore dotal et inaliénable. — En résumé, il y aurait donc là un cas où la loi Julia cesserait de s'appliquer.

SANCTION DU PRINCIPE D'INALIÉNABILITÉ

L'aliénation consentie par le mari en dépit de la loi Julia est nulle de plein droit. Si nous prenons pour exemple une vente du fonds dotal, elle est nulle : « *venditio non valet,* » dit Papinien (D., XLI, 3, 42). Il ne sera pas question des obligations que la vente fait naître d'ordinaire entre les parties : l'acheteur, même de bonne foi, ne pourra demander de dommages-intérêts par l'action *empti*. S'il a payé son prix, on lui donnera une *condictio indebiti*. (D., XII, 6, 37.) — Si la vente a été exécutée de part et d'autre, l'acheteur ne sera pas *in causâ usucapiendi*.

L'aliénation étant nulle, le fonds dotal peut être revendiqué. Qui pourra invoquer la nullité des aliénations consenties par le mari contrairement aux dispositions de la loi Julia?

Cette aliénation, a-t-on dit, est valable à l'égard du mari, car c'est dans l'intérêt de la femme seule que l'inaliénabilité a été établie, ainsi que le prouvent l'étroite corrélation entre l'inaliénabilité et l'action *rei uxoriæ*, et le droit pour la femme de valider la vente par son consentement. (D., XXIII, 5, 3, § 1 ; XXIV, 3, 50.) La femme seule aura donc le droit de revendiquer le fonds dotal aliéné indûment, et elle ne le fera qu'après la dissolution du mariage (Wesenbec), quand sera ouverte l'action *rei uxoriæ*. — On a proposé aussi, dans cette même opinion qui réserve à la femme le droit d'agir, de lui permettre l'exercice de cette action en revendication pendant le mariage même. Il est bon, dit-on, que la femme puisse agir sans retard pour conserver sur l'immeuble un droit que le temps mettrait peut-être en péril. D'ailleurs, aucune loi ne limite pour la femme l'exercice de l'action. Quant au mari, on lui refuse tout droit d'agir. C'est la femme seule qui peut invoquer la protection que la loi a créée pour elle ; d'ailleurs le mari qui gagne la dot, ne peut agir. (D., XXIII, 5, 17.) Comment le pourrait-il avant la mort de la femme, quand on ne sait pas encore si l'aliénation ne sera pas ratifiée?

Cette opinion ne nous paraît pas devoir être

admise. Pourquoi, en présence d'une vente nulle, interdire au mari de revendiquer? S'il n'a pas le droit d'agir quand il a gagné la dot, et si un texte prend la peine de le dire, c'est apparemment qu'il peut revendiquer tant qu'on peut croire que la femme aura droit à la restitution de sa dot; il est souvent nécessaire d'agir sans retard pour protéger efficacement les reprises de la femme. Or, il semble impossible que la femme puisse agir elle-même. Elle n'est pas, pendant le mariage, propriétaire de sa dot : comment viendrait-elle dire dans la formule de l'action : « Ce fonds m'appartient? » Nous donnerons l'action en revendication au mari, et au mari seul. L'acte nul qu'il a consenti n'a pu lui enlever aucun de ses droits, il est resté propriétaire, il a le droit de revendiquer, de même qu'il pourrait intenter, le cas échéant, l'action Publicienne, ou l'action confessoire ou négatoire.

S'il n'a pas encore agi au moment où s'ouvre le droit de la femme à la restitution de sa dot, il lui cèdera son action, ou bien le préteur donnera une action utile. Dans ce seul cas la femme pourra agir.

Le mariage dissous, qui pourra agir en revendication? Toutes les fois que le mari gagne la dot, l'aliénation se trouve confirmée, et il n'y a pas à invoquer la loi Julia. (D., XXIII, 5, 17.) Et cela aura lieu quand, la dot étant adventice, la dissolution du mariage arrive par le décès de la femme, ou quand, au cas de divorce, la femme vient à mourir avant que le mari soit en demeure. — Quand la dot est profectice, la femme mourant *in matrimonio*, la dot doit retourner à l'ascendant dotateur : quand le constituant d'une dot adventice en a stipulé la restitution, il a droit à la dot dans le même cas : mais ni l'un ni l'autre ne pourront invoquer la loi Julia. L'inaliénabilité existe quand l'action de dot compète ou doit sûrement compéter à la femme (D., XXIII, 5, 3, § 1). Elle n'a été établie que dans l'intérêt de la femme ; on ne peut en faire bénéficier le tiers constituant, ou l'ascendant, sans s'écarter de l'esprit de la loi.

En dehors de ce tiers ou de cet ascendant, qui ont une sorte de droit de retour conventionnel ou légal, on peut supposer un héritier de la femme. Cet héritier n'a pas droit toujours à la restitution. En dehors d'une stipulation expresse, il n'aura droit à la restitution de la dot que si, l'action *rei uxoriæ* étant née en la personne de la femme, le mari ou son héritier a été mis en demeure de restituer. (*Frag. Ulp.*, VI, § 7.) Dans ce seul cas, l'héritier de la femme pourra réclamer la dot : on lui donne alors la même protection qu'aurait obtenue la femme. (D., XXIII, 5, 13, § 3) : on lui permet d'exercer la revendication du fonds aliéné. Remarquons d'ailleurs que les expressions dont se sert Ulpien au texte précité sont trop générales : ainsi l'héritier n'aurait pas le *privilegium inter personales actiones* dont jouit la femme (C., VII, 74, l. un.).

Nous venons de dire que la loi Julia peut être invoquée quand l'action de dot compète à la femme. Il est une espèce particulière où cette corrélation n'est pas exacte : si le fonds constitué en dot et donné au fiancé est aliéné par lui, cette aliénation est nulle. Pourtant, quand le mariage n'a pas lieu, la femme n'a pour répéter sa dot qu'une *condictio sine causâ*, et non pas une action *de dote*.

Nous avons dit plus haut que la ratification de la femme pouvait couvrir la nullité de l'aliénation du fonds dotal. On vient de voir que cette aliénation était encore validée quand le mari gagnait la dot, ou quand celle-ci retournait à l'ascendant ou au tiers dotateur.

Le corollaire obligé de l'inaliénabilité du fonds dotal, c'est l'impossibilité d'usucaper ce fonds. « *Alienationis verbum usucapionem continet* » (D., L, 16, 28). On ne pouvait laisser cette porte ouverte aux fraudes par lesquelles le mari eût cherché à éluder les prescriptions de la loi, soit en livrant la possession à un tiers, soit en ne le poursuivant pas. Il y avait là un vice particulier, et le détenteur n'aurait pu invoquer sa bonne foi (D., XLI, 3, 24). Du jour où le fonds a été transmis *dotis causa* au fiancé, jusqu'au jour de la restitution (ou jusqu'à ce qu'elle cesse d'être due) l'usucapion est impossible. Le possesseur qui viendrait à perdre la possession ne pourrait agir par l'action Publicienne (D., VI, 2, 12, § 4).

Toutefois quand, avant le mariage, le possesseur a commencé à usucaper, la possession se continue utilement pendant le mariage et peut le conduire à la propriété (D., XXIII, 5, 16). En restant dans l'inaction, la possession fût-elle récente, ne fît-elle que commencer, le mari peut aliéner indirectement le fonds, mais sous sa responsabilité, à charge d'indemniser la femme. Dans ce cas, il est remarquable que la propriété (puisqu'elle n'est transférée qu'au moment où l'usucapion est accomplie) passera au possesseur à une époque où le fonds sera dotal. Quelle était la raison de cette décision? Peut-être voyait-on là une sorte d'aliénation nécessaire, la cause en étant antérieure à la dotalité. Peut-être n'était-ce qu'une conséquence de ce principe que seule la perte de la possession empêche l'usucapion de s'accomplir, les Romains ne connaissant pas les causes civiles d'interruption de l'usucapion. On peut remarquer en faveur de la première explication, que sous beaucoup de rapports c'est à l'*initium possessionis* que se réfèrent les Romains pour apprécier la validité de l'usucapion. Ici les conditions nécessaires se trouvaient réunies avant le mariage. Les fraudes n'étaient plus aussi redoutables. Les jurisconsultes romains n'ont point hésité à laisser se produire les conséquences d'un fait antérieur à la dotalité.

La responsabilité encourue par le mari pour avoir laissé s'accomplir une usucapion commencée avant le mariage n'existait plus quand il n'avait pas eu un délai suffisant, avant l'époque où s'achevait l'usucapion, pour revendiquer le fonds dotal.

Nous rechercherons plus loin si de nouvelles règles n'ont pas été, en cette matière, introduites par Justinien.

LÉGISLATION DE JUSTINIEN

Intimement liée à l'ancien système de lois destinées à encourager le mariage, la loi Julia devait leur survivre. Le célibat, si longtemps condamné par la loi, était mis en honneur par le christianisme : les secondes noces, loin d'être rendues obligatoires, étaient seulement tolérées, mais tenues en général pour funestes. Et néanmoins, au lieu de disparaître, le régime de protection du bien dotal se fortifie. Justinien trouvait forte d'un long usage la dotalité, il voulut la développer encore : mais les anciens principes sont oubliés : l'argument qui sera présenté en faveur des réformes nouvelles, ce sera désormais l'*infirmitas sexûs*, la faiblesse de la femme qui l'empêche de discerner ses véritables intérêts : ce sont ces nouveaux motifs, inconnus des anciens jurisconsultes, qui vont inspirer à Justinien les réformes par lesquelles il croira continuer les doctrines classiques.

La tendance générale de la législation et de la pratique avait été d'augmenter toujours la protection accordée à la femme, et de restreindre les pouvoirs du mari. Justinien lui donna une consécration définitive. Il ne modifia pas le droit même de la femme; il compléta les garanties qu'elle avait déjà et réduisit le mari à n'être plus guère qu'un administrateur, bien que toujours propriétaire.

Que le mari soit toujours propriétaire, c'est en effet la doctrine qui nous paraît la plus probable. La Constitution de 529, qui figure au Code de Justinien sous la loi 30, livre V, titre 12, n'exprime pas formellement qu'il soit innové contre l'ancien droit, et que la femme doive être désormais regardée comme propriétaire de sa dot. L'opposition que l'empereur affecte d'établir entre la fiction subtile des lois, et le droit naturel, est une considération sur laquelle il veut appuyer les garanties nouvelles données à la femme : ce n'est point là l'exposé d'une modification aussi radicale que celle qui ôterait la propriété de la dot au mari pour la donner à la femme. Justinien ne dit-il pas lui-même que la femme sera traitée comme si elle était propriétaire, qu'elle revendiquera les choses dotales parce qu'elles seront réputées siennes (*quasi propriis*); il ne dit pas : elles sont siennes. D'ailleurs, il est un texte postérieur à la Constitution précitée, et qui nous semble en faveur de notre cause. Les Institutes, échappant heureusement à la verbosité des Constitutions, témoignent, croyons-nous, de la propriété du mari. (Inst. II. 8.) Le mari, dit le texte, *quoique propriétaire*, ne peut pas aliéner, à cause de la loi Julia. Puis, énumérant les modifications récentes introduites, Justinien remarque que la prohibition d'aliéner est désormais aussi absolue que la prohibition d'hypothéquer : il n'est pas question d'une autre modification qui aurait déplacé la propriété de la dot : pour qui lit ce texte simplement, sans connaître les controverses soulevées par les constitutions, il est clair que le mari est toujours propriétaire de la dot, que c'est à lui que s'adresse la prohibition, qu'il est un exemple de propriétaire ne pouvant disposer de son bien.

On a soutenu que, si le mari conservait la propriété des biens dotaux pendant le mariage, c'était une propriété résoluble de plein droit. Ce système offrirait donc une transaction entre celui qui veut que la femme soit, sous Justinien, propriétaire de sa dot, et celui qui persiste à attribuer cette propriété au mari. Mais nous croyons devoir le rejeter : le texte de la loi 30 dit en effet, « *sive ex naturali jure mulieris res esse intelligantur,* »—« *cum naturaliter in ejus dominio permanserint* » — expressions qui pourraient signifier : la femme *conserve* le domaine de sa dot, — mais qui seraient inexactes au cas d'une propriété conditionnelle (ou plutôt *ad tempus incertum*) du mari, car alors la femme *recouvrerait* sa dot, momentanément aliénée. — Aussi croyons-nous devoir persister dans l'opinion émise plus haut, que le mari est propriétaire de la dot, propriétaire perpétuel, sous l'obligation personnelle de restituer.

Nous étudierons les réformes de Justinien en suivant l'ordre chronologique, bien qu'il nous conduise à étudier des garanties étrangères à l'inaliénabilité: mais elles s'y unissent si étroitement que les laisser de côté serait impossible.

La femme n'avait pour garantir la restitution de sa dot qu'une action privilégiée personnelle. Elle passait ainsi avant les créanciers chirographaires, mais elle pouvait se voir préférer des créanciers ayant une hypothèque légale sur les biens du mari; ou, quand la dot comprenait des objets mobiliers, une hypothèque avait pu être consentie sur ces objets par le mari, puisque c'était seulement l'hypothèque *du fonds dotal* qui était interdite. Pour obvier à ce résultat, la femme stipulait parfois une hypothèque (C., IV, 29, 21). En 529 Justinien rend une Constitution, par laquelle il accorde à la femme une préférence extraordinaire. « Pour les choses dotales, mobilières ou immobilières, ou se mouvant d'elles-mêmes, encore existantes, estimées ou non estimées, la femme aura pour les réclamer après dissolution du mariage une préférence absolue. Aucun des créanciers du mari, qui seraient préférables, ne pourra prétendre passer avant la femme sur ces biens par son hypothèque, car originairement ces biens ont appartenu à la femme et elle en a conservé la propriété naturelle. Si la subtilité des lois semble les avoir fait passer dans le patrimoine du mari, la réalité n'est point pour cela effacée ou obscurcie. Nous voulons que la femme ait sur ces choses, comme si elles lui appartenaient, une action réelle, et une action hypothécaire préférable à toutes autres ; ainsi, soit que les biens soient regardés, selon le droit naturel, comme étant à la femme, — soit qu'on les tienne pour passés dans le patrimoine du mari selon la subtilité des lois, il sera donné pleine garantie à la femme par ces deux moyens, ou l'action *in rem*, ou l'action hypothécaire. »

Ces dispositions ont donné lieu à des théories diverses. D'après M. Demangeat, Justinien aurait par cette loi créé au profit de la femme une hypothèque privilégiée, — et une action en revendication. L'hypothèque ressort des expressions *prærogativa, hypothecaria actio*, répétées à trois reprises dans le texte. Elle porte uniquement sur les biens dotaux, mais elle porte sur tous ces biens, meubles, immeubles, estimés, non estimés ; une seule condition est exigée, c'est que ces biens existent encore (*si tamen extant*, dit le texte) ; mais peu importe qu'ils soient aux mains du mari, ou aux mains d'un tiers. Sont-ils aux mains du mari ? La femme en les réclamant prime tous créanciers. Sont-ils aux mains d'un tiers ? La femme peut exercer contre ce détenteur l'action hypothécaire, dans les cas où le bien dotal aura pu être aliéné. Du reste, comme la femme peut encore consentir l'aliénation de son fonds dotal, le consentement qu'elle aura donné à cette aliénation entraînera de sa part renonciation à son hypothèque, et elle ne pourrait plus inquiéter l'acquéreur,

Comment peut se motiver cette garantie? C'est que la femme, dit Justinien, a eu la propriété de ces objets. S'ils ont cessé de lui appartenir, on peut bien dire, puisqu'elle a droit à leur restitution, que la propriété naturelle lui est demeurée. Et cette idée conduit à donner à la femme une action en revendication : cette action est très nettement indiquée à deux reprises dans le texte. La femme aura donc deux moyens de recouvrer ses choses dotales : la revendication sera-t-elle aussi large que l'action hypothécaire? Non. Si le texte ne fait pas cette distinction, il est sûr, d'après les principes, que la femme ne pourra revendiquer que si le fonds ou le meuble est encore en la possession du mari. Car le mari avait bien le droit d'aliéner les meubles, par exemple. On ne comprendrait pas que la femme pût néanmoins les revendiquer contre le détenteur. La femme ne pourrait en pareil cas qu'exercer l'action hypothécaire : et le détenteur y trouvera cet avantage de pouvoir garder la chose en payant la valeur. — Quant aux choses estimées qui se trouvent dans le patrimoine du mari, comme la femme n'a droit qu'à l'estimation, elle peut avoir sur elles l'action hypothécaire, mais ne devrait pas être admise à revendiquer.

Entre ces deux actions, la femme aurait un choix. Nous venons de voir d'ailleurs que ce choix n'existe pas toujours, et que l'action en revendication est impossible dans un certain nombre de cas, où l'action hypothécaire seule serait admise.

Cette explication n'est pas admise par M. Gide : pour lui, la Constitution de 529 ne donne pas à la femme une hypothèque. Nous verrons en effet la Constitution de 530 parler de cette hypothèque de la femme comme d'une innovation. La doctrine précédente prête en outre le flanc à plusieurs critiques. Elle établit entre l'action en revendication, l'action hypothécaire, des différences très logiques peut-être, quant aux biens sur lesquels portent ces actions; mais il serait impossible de rien trouver dans le texte qui dénote des différences aussi graves. — Notre texte suppose toujours la femme en présence de créanciers, et non pas de tiers acquéreurs (*neminem creditorum*), tandis que la théorie précédente permettait à la femme d'inquiéter les détenteurs légitimes de choses dotales. — L'expression « *si res exstant* » semble avoir été mal traduite par M. Demangeat. Le sens qui lui est donné — si les objets existent encore — est un peu puéril : nous voyons ailleurs (C. VIII, 12, § 1, — V. q. 6, § 3) cette même expression signifier — tant que les biens sont restés dans le patrimoine, — et ce sens est beaucoup plus satisfaisant ici. Les garanties nouvelles établies par Justinien exigeraient donc pour première condition que les choses dotales fussent encore dans le patrimoine du mari.

Ces garanties, quelles sont-elles, précisément? On a divisé en deux sections la constitution de

529 : la première contiendrait le dispositif, la seconde, qui commencerait au passage qui parle de la propriété naturelle de la femme, et renfermerait les motifs, l'explication donnée par Justinien à l'appui de sa décision. Nous ne voyons pas bien cette division tranchée du texte, et la seconde partie contient de très catégoriques expressions — nous voulons, — qui se rattacheraient bien plutôt à une disposition impérative. Mais il nous semble d'ailleurs que ce n'est pas une véritable hypothèque qui résulte de la loi pour la femme. Nous pourrions résumer ainsi le sens probable de la constitution. La femme aura une priorité de rang (*prærogativa*) sur tous les biens dotaux, meubles, immeubles, estimés ou non : mais il est nécessaire qu'ils soient aux mains du mari. Elle passera avant tous les créanciers, ce qui sera justice puisqu'elle a été propriétaire des biens dotaux. Elle agira par une action en revendication comme si elle était encore propriétaire, ou par une action hypothécaire; mais ce ne sera pas une revendication basée sur une propriété véritable, ni une action hypothécaire ordinaire, car il n'y a pour la femme ni propriété du fonds dotal, ni hypothèque, mais des fictions destinées à corriger la subtilité des lois. Ce qui le prouve, c'est que ces actions ne peuvent être dirigées contre les tiers détenteurs. On arrivera ainsi, sans blesser les droits acquis, à assurer la reprise de la dot en nature, et à protéger la femme contre les créanciers du mari. Les

aliénations (sauf celles des immeubles, non estimées, auxquelles elle n'a pas consenti) sont toujours valables.

Ce droit nouveau est pour la femme une extension de son privilége ancien; le privilége classique portait sur toute la fortune du mari : celui-ci porte sur les biens dotaux spécialement. Justinien l'appelle à la fois droit d'exercer une action réelle, et droit d'exercer une action hypothécaire. Ce sont des sortes d'actions utiles, dont le nom n'est pas plus précis que le droit sur lequel elles sont fondées. Il fallait des garanties pour la femme, on lui donne une *prærogativa*, le but est atteint quelle que soit la fiction mise en avant.

La constitution de 529 contient une autre disposition d'où semble résulter une grave modification aux anciens principes sur l'imprescriptibilité du fonds dotal. Nous avons vu que le fonds ne pouvait être usucapé, du jour où la dot était remise au fiancé, jusqu'au jour où la restitution avait été effectuée ou cessait d'être due. L'impossibilité d'usucaper était liée à la défense d'aliéner, commençait et finissait avec elle. — Or, voici ce que dit Justinien, à la fin de la loi 30 (C., V, 12) : « Tout moyen de défense fondé sur le temps, tiré de l'usucapion, d'une prescription de 10 ou 20 ans, de 30 ou 40 ans, d'une durée plus longue ou plus courte, pourra être opposé aux femmes à compter du jour où elles peuvent exercer leurs actions : c'est-à-dire, quand le mari est solvable, après la dissolution du mariage; s'il est au-dessous de ses affaires, au jour où ce désastre devient évident..... ». Il semble résulter de là que le fonds dotal redeviendrait susceptible d'usucapion (bien qu'il ne pût être aliéné), dès que le droit à la restitution est ouvert, et avant cette restitution. Telle en effet a été l'interprétation donnée généralement à cette disposition dans notre ancien droit. Mais cette solution est si peu conforme aux tendances de Justinien qu'on a dû chercher un sens plus logique à ce texte. On peut admettre que, la dot restant imprescriptible, Justinien veuille parler de la prescription des actions compétant à la femme, action personnelle, action réelle, action hypothécaire. Toutes ces actions sont en effet ouvertes soit au jour de la dissolution du mariage, soit au moment de la déconfiture du mari. Cette explication, que Cujas donnait déjà contrairement à la Glose, nous paraît plus en harmonie avec les principes, et avec le maintien au Digeste de la loi 16 *de fundo dotali*, que celle qui admettrait entre l'aliénation et l'usucapion du fonds dotal des divergences de principe inexplicables.

Un an après la constitution que nous venons d'analyser, Justinien trouvant ces premières réformes insuffisantes publiait une nouvelle constitution. Cette fois, il donnait à la femme une véritable hypothèque tacite sur les biens du mari, modifiait l'action en restitution de la dot, rendait plus sévère la prohibition de la loi Julia.

Quant à la restitution de la dot, les anciennes actions *rei uxoriæ* et *ex stipulatu* étaient fondues en une seule. On supposait toujours une stipulation de restitution, et l'action de la femme gardait le nom d'action *ex stipulatu,* mais elle était de bonne foi. Comme elle est toujours donnée, l'action *ex stipulatu* passe aux héritiers de la femme quand elle meurt pendant le mariage, ou après le divorce et avant la mise en demeure du mari. Le mari ne gagne plus la dot que lorsque cela a été convenu. (C., V., 13, l. un., § 6.)

A cette action est attachée une hypothèque tacite, que Justinien compare à celle des pupilles. Cette hypothèque porte sur l'ensemble des biens du mari et garantit le paiement de tout ce dont le mari peut être débiteur à l'occasion de la dot. Pour être une garantie plus pleine, cette hypothèque devait être maintenue en dépit d'une volonté contraire exprimée par la femme. Aussi Justinien décide-t-il que désormais le fonds dotal ne pourra plus être aliéné même du consentement de la femme. D'après la Constitution d'Anastase en effet, la femme qui consentait à l'aliénation de son fonds était présumée renoncer à l'hypothèque conventionnelle qu'elle pouvait avoir stipulée. Désormais, dit Justinien, pareille renonciation doit être impossible, au moins en ce qui touche le fonds dotal, « proprement dotal. » Aussi l'aliénation de ce fonds est interdite absolument « *ne fragilitate naturæ in repentinam deducatur ino-*

piam. » Nous croyons d'ailleurs que, malgré la généralité des motifs invoqués par Justinien, la femme peut toujours renoncer à son hypothèque sur les autres biens du mari : elle ne pourrait renoncer à celle qui porte sur le fonds *proprie dotalis*, mais c'est la seule limitation établie dans son intérêt à la Constitution d'Anastase.

Le fonds dotal est donc devenu absolument inaliénable. Justinien déclare que désormais ces principes s'appliqueront dans les provinces, comme en Italie. C'était trancher dans le sens d'une extension de la loi Julia une ancienne controverse.

La ratification des aliénations devient donc impossible à la femme. Et pourtant on a laissé au Digeste la loi 13, § 4, *de fundo dotali*. C'est que dans l'espèce prévue par cette loi (adition par la femme instituée héritière, le fonds dotal étant légué à un tiers), la ratification a lieu après la dissolution du mariage, et on ne peut plus craindre l'influence du mari. De même dans le droit classique, la femme ne pouvait renoncer au *privilegium dotis* pendant le mariage, elle le pouvait après sa dissolution.

Enfin, en 531, Justinien, non content de ses réformes, décidait par la fameuse loi *Assiduis* (C., VIII, 18, 12) que l'hypothèque de la femme serait privilégiée : ce privilége était réservé à la femme et à ses descendants, et garantissait seulement la restitution de la dot.

Nous avons exposé, en étudiant la loi Julia, que

la femme pouvait consentir l'aliénation de sa dot. Cette faculté n'existait pour elle que limitée par la défense du sénatus-consulte Velléien, d'intercéder pour autrui. Justinien avait modifié ce sénatus-consulte en validant l'*intercessio* quand la femme la confirmait après deux ans (C., IV, 29, 22). Plus tard, la constitution de 530 avait défendu à la femme de consentir à l'aliénation du fonds dotal; il semble que la Novelle 61 ait modifié ce point. Après avoir déclaré que les biens composant la donation *propter nuptias* ne peuvent être aliénés ni hypothéqués par le mari, Justinien fait une exception pour le cas où, la femme ayant approuvé l'acte, renouvelle son consentement après deux ans, si d'ailleurs le mari est solvable. Puis il ajoute : « *Multo magis idem in dotibus locum habet*..... » Il semble bien que ce soit là un retour sur les garanties excessives données à la femme. L'aliénation du fonds dotal serait donc possible quand le consentement de la femme aurait été exprimé et renouvelé, quand d'ailleurs le mari serait solvable. On a prétendu que c'était attacher une portée excessive à cette phrase de la Nov. 61. — Cette interprétation pourtant paraît confirmée par l'intitulé de la Novelle; elle était déjà adoptée dans les *Petri exceptiones* (I, 34). Remarquons que l'hypothèque doit être mise sur le même pied que l'aliénation.

Ces solutions n'ont-elles pas été modifiées par la Nov. 134 (C., IV, 29, 22, *Si qua mulier*)? D'après ce texte, les obligations que la femme contracte pour garantir un emprunt du mari sont nulles sans pouvoir être confirmées, s'il n'est prouvé que l'argent a tourné au profit de la femme. On a dit que cette règle visait seulement les paraphernaux de la femme, le fonds dotal étant assez protégé par la Nov. 61. — Il nous semble que cette distinction ne résulte pas des textes, et qu'il est préférable d'appliquer la Nov. 134 au cas où la femme, en donnant son consentement, intercède pour le mari, — la Nov. 61 restant applicable dans les autres hypothèses.

On le voit, dans ces réformes, Justinien avait laissé debout l'ancien principe « *Dotis causa perpetua est,* » mais les conséquences en avaient été altérées au point que l'on ne peut plus qu'à peine retrouver le principe même. Les siècles d'ignorance qui suivirent l'invasion barbare, devaient le faire oublier complètement, et la femme devint en droit ce qu'elle était en fait, propriétaire de sa dot. Ainsi s'achevait l'évolution commencée au divorce de Sp. Carvilius Ruga, et achevée seulement par la jurisprudence de nos pays de droit écrit. (M. Gide, *Condition de la femme.*)

DROIT FRANÇAIS

DE LA DOT

DANS L'ANCIEN DROIT

Les régimes matrimoniaux étaient dans notre ancien droit le point où se manifestait le plus clairement peut-être la diversité des deux grandes traditions juridiques qui se partageaient la France. Tandis que les pays de coutumes adoptaient la communauté de biens, le régime dotal seul était pratiqué dans les provinces de droit écrit. Les invasions des Barbares avaient laissé debout les institutions civiles des Romains. Mais, tandis qu'elles s'effaçaient lentement dans les provinces du Nord ou du centre, moins pénétrées par la civilisation romaine, et occupées par des peuplades plus rudes, ces institutions persistaient dans les régions du midi et sur les rives du Rhône : là dominaient les Wisigoths et les Burgondes, depuis longtemps déjà en rapports avec les Romains, et capables d'apprécier la supériorité des mœurs policées des vaincus. Appréciant ces lois, qu'ils ne dédaignaient pas de réunir en Codes à l'usage de leurs sujets, ils en subissaient nécessairement l'influence, et laissèrent s'altérer peu à peu leurs coutumes, jusqu'au jour où le droit romain seul fut la loi des vainqueurs comme des vaincus.

Ce n'était pas, d'ailleurs, un pur droit romain qui était suivi dans ces provinces : la science juridique avait disparu. On en était toujours à la législation de Théodose. La Gaule s'était trouvée isolée du reste de l'Empire, et si quelques rapports, assez mal démontrés d'ailleurs, subsistaient, c'étaient des rapports purement honorifiques. Ce sont les principes de la législation théodosienne qui sont reproduits dans le *Breviarium* qu'Alaric II avait fait rédiger pour les Gallo-Romains, et dans les *Papiani responsa* du pays burgonde. D'après ces recueils officiels ou théoriques, la condition de la dot se maintient jusqu'au onzième siècle ce qu'elle était dans les premières années du cinquième. Le sénatus-consulte Velléien a pour interprètes les cinq jurisconsultes autorisés. Mais si on consulte les recueils de procès-verbaux, les formules de cette époque, on trouve le droit des praticiens bien loin de celui des Codes. Dans ce mélange de traditions romaines et germaniques, le droit romain domine toujours, mais défiguré, dépouillé de toutes les institutions qui supposent quelque complication de rapports sociaux, ou quelque finesse d'interprétation chez le juge. Le sénatus-consulte Velléien semble inconnu de la pratique. On trouve de nombreuses chartes où la femme s'oblige avec son mari. Et pourtant la tradition romaine est dominante, c'est la femme qui apporte une dot, et non le mari qui offre à sa femme un présent de noces.

Au onzième siècle apparaît un nouvel ouvrage, les *Exceptiones Petri*, recueil de décisions dû à un compilateur inconnu, où se retrouvent les dispositions de la Novelle 61. Cet unique document qui constate la législation de Justinien, ne va pas rester isolé. Les pompes et la majesté du grand empire étaient demeurées dans l'imagination des anciens sujets de Rome. Le puissant élan qui se traduisit au Nord par le réveil des idées germaniques et l'émancipation des communes, donna au Midi le signal de la renaissance du droit romain. Les travaux des Glossateurs de l'école de Bologne séduisent les esprits cultivés. Les disciples d'Irnerius se répandent d'Italie en France, et on connaît enfin dans nos provinces la législation de Justinien.

Le trait caractéristique du régime dotal, la séparation des intérêts des époux, s'accuse nettement dans les vieilles coutumes du douzième siècle. Sur la dot même, le mari n'a plus qu'un droit de jouissance et d'administration. Accurse, qui sera suivi par Cujas et les autres commentateurs dans cette interprétation, a déclaré que le mari n'était pas réellement propriétaire du fonds dotal. On applique la disposition de la fameuse loi *Quintus Mucius* (D., XXIV, 1, 51) par suite de laquelle la femme doit présenter un titre constatant les acquisitions qu'elle a faites pendant le mariage. Tous les biens dont elle ne peut prouver l'origine sont acquis au mari (Domat, *Lois civiles*).

On voulait appliquer la législation de Justinien; le fonds dotal devait donc être inaliénable, et les meubles dotaux rester à la disposition des époux. Mais les principes n'étaient pas partout appliqués de même. L'influence des anciennes traditions et des coutumes locales avait formé presque dans chaque pays un système propre de dotalité, où les principes étaient modifiés et appliqués avec plus ou moins de rigueur. Ainsi, le Parlement de Toulouse considérait les immeubles seuls comme inaliénables. La très ancienne coutume de cette ville rejetait même l'inaliénabilité (an 1285). A Bordeaux la jurisprudence était plus large. Le mari n'avait pas le droit d'exercer les actions pétitoires, en demandant ou en défendant. Mais la femme pouvait consentir l'aliénation de sa dot, ou renoncer à son hypothèque quand le mari avait des biens suffisants pour assurer les reprises.

Le Parlement de Paris se montrait plus rigoureux lorsqu'il avait à appliquer les règles du droit romain aux pays de droit écrit dépendant de son ressort. Après de longues controverses, la jurisprudence s'était fixée dans le sens de l'inaliénabilité des meubles.

La coutume de Marche, et celle d'Auvergne, qui

admettaient aussi le principe de l'inaliénabilité semblent l'adoucir, et ne pas prohiber l'aliénation quand la femme n'en éprouvait pas de préjudice. L'aliénation nulle donnait à la femme, dans l'année qui suivait la mort du mari, le droit de poursuivre en revendication l'acquéreur, ou, à son choix, de se faire payer sur les biens du mari. L'année écoulée, elle ne pouvait plus qu'agir contre les biens du mari.

Le sénatus-consulte Velléien, qui avait disparu par l'habitude, que nous révèlent les chartes, d'y renoncer, reparaît vers le douzième siècle. Il est admis dans tout le royaume, même aux pays de coutume. Mais le plus souvent une clause de renonciation intervenait. Cette tendance de la pratique avait été favorisée par le droit canonique. Une décrétale, visant la loi *Sacramenta* (C., II, 28, 1) déclarait les aliénations de biens dotaux valables quand elles seraient confirmées par serment. Cette décrétale d'ailleurs avait été vivement attaquée par les jurisconsultes et les Parlements, et ne se retrouvait plus, en définitive, que dans le ressort de Toulouse.

Quant au Velléien, la renonciation qui était devenue de style dans les contrats n'était pas sans danger pour les femmes mariées sous le régime dotal. On considérait l'incapacité de la femme comme liée à l'indisponibilité des biens, et souvent il arrivait qu'une renonciation au sénatus-consulte fût invoquée pour permettre la saisie des immeubles dotaux. Certains Parlements refusaient de valider les renonciations. Henri IV voulut établir partout une même règle, et par un édit de 1606 abrogea le sénatus-consulte, ordonnant qu'à l'avenir la clause de renonciation serait toujours sous-entendue.

Le Parlement de Paris enregistra l'Edit. Mais ceux de Bordeaux, Toulouse, Rouen, Grenoble, résistèrent. A l'exception du Lyonnais, du Forez et du Beaujolais, les pays de droit écrit refusèrent de se conformer à l'Edit, et conservèrent leur inaliénabilité. Du reste, les provinces de Lyonnais, Beaujolais et Forez, ressortissant au Parlement de Paris, et qui acceptaient l'Edit, conservèrent aussi le régime de l'inaliénabilité. Mais bientôt, pénétrés de l'avantage que leurs négociations commerciales retireraient de l'absence de toutes entraves, inquiétés, dit-on, par quelques tentatives des partisans du Velléien, soutenus peut-être par les intrigues particulières d'un fermier de la Généralité de Lyon, les habitants de ces provinces réclamèrent l'abrogation de la loi Julia : un édit du 16 avril 1664, rendu pour les quatre pays de Lyonnais, Forez, Beaujolais, Mâconnais, abrogea cette loi. Ces pays admettaient déjà la possibilité pour la femme d'engager son bien dotal et de l'aliéner. Cette possibilité devint une loi obligatoire pour tous, en dehors de toute convention. Deux nouveaux édits, en 1683 et en 1703 vinrent renouveler pour la Bretagne et la Franche-Comté l'abrogation du S.-C. Velléien. Dans les autres pays de dotalité, il subsistait ainsi que l'inaliénabilité et, comme l'inaliénabilité, ne rendait la femme incapable que quant à ses biens dotaux. (Brodeau.)

La Normandie, pays de coutume, était aussi arrivée à un statut tout particulier, qui enlevait aux femmes la libre disposition de leurs dots. Il semble bien que l'origine des dispositions de la coutume normande doive se chercher dans le droit barbare plutôt que dans les romaines. Les dispositions de la coutume étaient germaniques ou scandinaves. Le douaire (*heritagium*) était coutumier ou préfix. Après la dissolution du mariage la femme avait droit au partage des conquêts. Les héritiers, quand elle décédait la première, avaient même droit. Mais ce n'était pas en vertu d'une communauté de biens ayant existé entre elle et son mari, que la femme avait ces droits ; c'était en vertu d'un droit de succession d'une espèce particulière, différent selon qu'il s'agissait de meubles ou d'immeubles.

La dot (*maritagium*) était en principe aliénable avec le consentement de la femme, sous certaines conditions, mais sans qu'il fût besoin d'une cause spéciale du contrat de mariage. Pendant le mariage, la femme conserve la propriété de ses immeubles, mais ils sont administrés par le mari qui en perçoit les revenus en son nom personnel. Mais « *biens de femme ne doivent se perdre,* » disait un vieil adage normand. Aussi l'aliénation ne peut-elle se faire que par le concours du mari et de la femme (art. 538, Cout. Norm.), en outre, il fallait veiller à ce que le prix provenant de l'aliénation ne fût pas perdu pour la femme. On avait donc établi qu'avec le prix de l'immeuble aliéné il faudrait en acheter un autre en remploi. A défaut de remploi, le mari était responsable sur ses biens personnels, l'acquéreur, en cas d'insolvabilité du mari, pouvait être évincé ou condamné à payer de nouveau la valeur de l'immeuble. (Cout. Norm., art. 539, 540.) Dans l'acte d'acquisition de l'immeuble destiné au remploi, il fallait mentionner sa destination et l'acceptation de la femme.

Le remploi n'ayant pas été valablement effectué, la femme avait contre son mari un recours pour le recouvrement du prix. Elle discutait les biens du mari situés en Normandie (car toutes ces dispositions étaient strictement de statut réel). Faute de biens suffisants, elle pouvait diriger contre l'acquéreur du fonds dotal ce qu'on appelait Bref de mariage encombré, dans un délai d'an et jour à compter de la dissolution du mariage. L'acquéreur inquiété a le choix de restituer l'immeuble en nature, ou bien d'en payer la valeur estimée au jour du décès du mari ou de la séparation.

Remarquons que ce recours subsidiaire s'exerce si l'aliénation a été faite par le mari et la femme conjointement, et valablement aux termes de l'art.

538 de la coutume, mais sans remploi. Au cas d'une aliénation irrégulière, faite par le mari seul, la femme peut directement agir contre l'acquéreur, sans avoir besoin de discuter d'abord les biens du mari. Ce recours direct avait lieu également soit dans l'an et jour par le Bref de mariage encombré, qui équivalait à une réintégrande, soit par revendication.

Ce régime ressemblait, par certains côtés, à celui qu'avait organisé la Nov. 61. L'ancien coutumier normand, recueil d'un jurisconsulte sans mission officielle, laissait en doute cette question : la femme peut-elle revenir sur l'aliénation qu'elle a consentie ? Un arrêt solennel de règlement, de 1539, trancha ce point douteux et sa décision fut reproduite entièrement par le coutumier rédigé en 1584, dont nous venons d'analyser brièvement les dispositions.

La Coutume normande se défiait de l'influence du mari, et le Parlement de Rouen appliquait dans sa rigueur le S.-C. Velléien, dont il n'enregistra jamais l'abrogation.

Avant de quitter ce trop rapide exposé de notre ancien droit, constatons qu'il y eut en Normandie, au début de la Révolution, une énergique protestation contre le statut normand. La loi du 7 nivôse an II, sur les donations et successions, avait autorisé les donations entre époux. On voulut y voir une permission pour les Normands d'adopter le régime de communauté malgré les prohibitions de l'art. 389 de leur Coutume. L'erreur fut si générale que les notaires durent (24 prairial an XIII) signer un acte de notorieté constatant que la loi de l'an II avait unanimement reçu en Normandie cette interprétation. Plusieurs arrêts des cours de Rouen et de Caen validèrent des contrats stipulant la communauté, conclus dans ces conditions. L'unanime aspiration à une législation uniforme, l'annonce d'une loi qui rendrait obligatoire la communauté, peut-être aussi l'expérience des inconvénients du régime dotal avaient subitement arraché les Normands à leurs séculaires habitudes d'extrême prudence. Le mouvement avait été trop brusquement progressif pour n'être pas suivi d'une réaction, motivée d'ailleurs par les désastres financiers qui suivirent le Directoire. On en revint bientôt aux habitudes circonspectes un moment oubliées, et la Cour de Rouen devait être au nombre de celles qui réclameraient le plus vivement l'admission du régime dotal dans le Code. Tendances qui se sont maintenues jusqu'à ce jour, et qui font adopter le plus souvent dans l'ancienne Normandie, un régime dotal modifié par la clause de communauté d'acquêts et d'aliénabilité à charge de remploi.

Au nombre des réformes que chacun s'accordait à réclamer en 1789, était l'unification des lois pour tout le royaume. Retardé par les discussions politiques, le premier projet de Code civil parut seulement en 1793. Il était dû presque entièrement à Cambacérès. Ce projet fut repoussé comme ne faisant pas une assez large part aux principes proclamés par la Convention. Après le 9 thermidor, Cambacérès présenta un nouveau projet (23 fructidor an II), que d'autres affaires pressantes empêchèrent d'examiner jusqu'au bout. Un troisième projet, présenté encore par Cambacérès, en prairial an IV, eut le même sort. Celui que le représentant Jacqueminot soumit aux Cinq Cents, le 30 frimaire an VIII, ne fut même pas discuté. Ces quatre projets ne faisaient aucune mention du régime dotal.

La même année une Commission était nommée pour préparer de nouveau un Code. Son œuvre était soumise aux tribunaux d'appel et au tribunal de cassation. Le silence de la loi sur le régime dotal donna lieu à une certaine agitation dans le midi. Les tribunaux de Grenoble, Montpellier, Toulouse, de Rouen, protestèrent vivement au nom des anciens usages des pays de droit écrit. Le tribunal de Rouen proposait l'adoption pure et simple du statut normand comme régime de droit commun. On crut devoir admettre leurs réclamations, au moins en partie, et la section de législation du Conseil d'État introduisit (article 138) le régime dotal comme convention modifiant la communauté : mais le fonds dotal ne pouvait être déclaré inaliénable. De nouvelles discussions fort vives entre les partisans des traditions coutumières et ceux du droit écrit, après des observations de Portalis et de Cambacérès qui firent observer que l'inaliénabilité était l'un des traits du régime dotal, aboutirent à un vote qui donna gain de cause aux dotalistes, et un chapitre du Code fut consacré au régime proscrit d'abord comme un fléau public.

Nous n'entreprendrons pas ici une étude du régime tout entier, mais reprenant séparément ce principe d'inaliénabilité du fonds dotal rejeté d'abord, nous rechercherons ce qu'il est aujourd'hui, et quelles conséquences doivent être tirées de sa nature une fois déterminée.

CHAPITRE PREMIER

DE L'INALIÉNABILITÉ

Le droit romain classique avait reconnu au mari un droit de propriété sur la dot de sa femme. Irrévocable très anciennement, ce droit s'était modifié et la restitution était devenue, dans certains cas et sous certaines distinctions, une obligation purement personnelle du mari. Sous Justinien, la loi 30 au Code (V. 12) en voulant justifier par une considération extra juridique les prérogatives données à la femme, donna par l'ambiguïté de ses termes naissance à une confusion, et fut pour nos anciens auteurs le point de départ d'une transformation qui aboutit à l'article 1549 de notre Code. Ces auteurs étaient arrivés à cette notion que le mari a un domaine purement fictice qui lui donne droit d'exercer les actions dotales comme s'il était propriétaire. « Ce droit consiste en ce qu'il a l'administration et la jouissance du bien dotal, que la femme ne peut lui ôter, qu'il peut agir en justice au nom de mari pour le recouvrer contre les tierces personnes qui en sont les détenteurs ou les débiteurs, et qu'ainsi il exerce de son chef comme mari les droits et les actions qui dépendent de la dot, d'une manière qui le fait considérer comme s'il en était le maître, mais qui n'empêche pas que la femme en conserve la propriété. Et ce sont ces divers effets des droits du mari et de ceux de la femme sur le bien dotal qui font que les lois (romaines) regardent la dot et comme un bien qui est à la femme et comme un bien qui est au mari. » (Domat, *Lois civiles*, I, 9, sect. I, § 4.) Notre article 1549 a été tiré de ce passage de Domat. La fiction a été abandonnée ; le mari n'est plus propriétaire même fictivement (hors les hypothèses prévues par la loi, telles qu'une estimation valant vente, ou une dot composée d'une somme d'argent). Il est seulement administrateur investi de pouvoirs très étendus, pouvant recevoir le remboursement des capitaux, et poursuivre les débiteurs et détenteurs des biens dotaux (art. 1549).

Le droit du mari est donc plus étendu ici que sous le régime de communauté (art. 1428) puisqu'il peut exercer les actions réelles immobilières. Enseignée par Domat, reçue à Aix et à Toulouse, cette solution n'était pas admise à Bordeaux et dans les pays de droit écrit ressortissant au Parlement de Paris. On a cru que cet exercice des actions dotales immobilières ne pouvait se comprendre chez un simple administrateur, et on a écrit qu'aujourd'hui encore le mari avait une quasi-propriété du fonds dotal. Nous ne croyons pas que cette fiction soit encore dans notre Code, et qu'on puisse attribuer au mari une propriété purement civile, par opposition à la propriété naturelle de la femme. Ce qui nous paraît probable, c'est que les rédacteurs ont été influencés par le souvenir des anciennes traditions, et ont, conservant la conséquence d'un principe qu'ils abandonnaient, laissé toute leur étendue aux pouvoirs du mari. Il nous semble que ce principe de copropriété n'est pas dans l'art. 1549 : « le mari a l'administration des biens... ». Il n'a que l'administration.

Ce n'est pas là, d'ailleurs, une pure affaire de mots. Admet-on que le mari soit *quasi-dominus*, il pourra faire tout ce qui ne lui est pas défendu expressément. S'il a pour créancier personnel le débiteur d'une créance dotale, la compensation pourrait avoir lieu. Ses créanciers pourraient saisir les créances dotales. Nous rejetons ces solutions, comme le principe sur lequel elles s'appuient.

La femme, et la femme seule a donc la propriété de sa dot. Le mari a un double droit, d'administration et de jouissance. Administrateur, il a les mêmes droits et les mêmes devoirs que tout administrateur du bien d'autrui : il donne à bail les immeubles dotaux, sous les restrictions des articles 1429, 1430, il intente les actions possessoires et pétitoires y relatives, poursuit le recouvrement des créances dotales, en donne quittance avec mainlevée des hypothèques, s'il y a lieu. Ses pouvoirs, quant à l'exercice des actions dotales, sont attachés à sa personne exclusivement. Nous n'admettrions pas que la femme pût, avec l'autorisation du mari, et à plus forte raison avec la seule autorisation de justice, exercer les actions dotales : le second alinéa de l'art. 1549, portant que « le mari a *seul* le droit de poursuivre les débiteurs et détenteurs » nous paraît commander cette solution. Après la séparation de biens seulement la femme aurait le droit d'intenter ces actions avec l'autorisation du mari (C. Pr., 83, § 6). — Ce privilége du mari d'exercer les actions dotales n'est pas absolu d'ailleurs. Le mari ne pourrait seul provoquer le partage des biens dotaux indivis entre la femme et des tiers, ou y défendre. Ce droit est refusé par l'art. 818 au mari, sous le régime de communauté pour les biens propres de sa femme. L'art. 1549 ne semble pas, à raison des caractères particuliers de l'action en partage, devoir l'emporter sur cette règle spécialement établie par l'article 818. — Les mêmes motifs nous feraient décider qu'il faut, en matière de saisie immobilière dirigée contre les biens dotaux, poursuivre à la fois le mari et la femme. (Arg., art. 2208.)

A côté de ses droits d'administrateur, comme chef de l'association conjugale, le mari a un droit de jouissance qui s'ouvre à la célébration du mariage. De ce jour, il a droit à tous les fruits naturels ou civils des biens dotaux, lors même qu'il ne les possèderait pas encore. La nature de cette jouissance n'est pas nettement déterminée par la loi. L'art. 1562 déclare le mari soumis à toutes les obligations de l'usufruitier, l'art. 1571, établissant des règles particulières pour le partage des fruits naturels, suppose une dérogation aux principes de l'usufruit ordinaire.

Pour nous, ce n'est pas un véritable usufruit qui appartient au mari. Qui dit usufruit dit droit réel, susceptible d'hypothèque, opposable aux tiers seulement après transcription du titre qui le constitue (l. 1855). Le droit du mari n'est pas un droit réel. D'où vient-il? de l'art. 1549. Or cet article ne vient pas établir nommément un droit de jouissance pour le mari : la loi dit seulement : « le mari a l'administration de la dot », et comme conséquence, elle en conclut qu'il doit percevoir les fruits et intérêts de la dot. Il les reçoit parce qu'il est administrateur, parce qu'il est chargé de subvenir aux besoins de la famille, et que la dot a précisément pour but de contribuer à ces dépenses. Administrateur du patrimoine de la famille il perçoit, à ce titre, les revenus de la dot. La loi ne dit pas : le mari a la jouissance des biens dotaux. C'est là une expression des commentateurs, elle n'est pas dans le texte. Domat disait : « Le droit qu'a le mari sur le bien dotal de la femme est une suite de leur union et de la puissance du mari sur la femme même. » Chaque jour, avec ses charges nouvelles, amène pour le mari, chef de la famille, un nouveau droit aux fruits. Mais la loi évite de le qualifier d'usufruitier, expressément. Son droit diffère d'un usufruit en ce que *tous* les fruits lui sont acquis jour par jour. On peut l'assimiler, par quelques côtés, à un usufruitier (article 1562) : ce n'est pas à dire pour cela qu'il soit tel, et au contraire le texte qui établit son droit ne lui donne pas cette qualité (art. 1549). Le but dans lequel la dot lui est remise, la nécessité d'éviter des complications, m'expliquent assez pourquoi il est dispensé de rendre compte, et comment il gagne l'excédant des fruits.

Quels sont les droits du mari sur cette sorte d'usufruit? Et notamment peut-il l'aliéner ou l'hypothéquer? C'est une question que nous croyons devoir être mieux étudiée plus loin, quand nous rechercherons si l'inaliénabilité s'applique aux fruits et revenus de la dot.

Quant aux obligations du mari, ce sont celles d'un usufruitier (1562). Il doit faire inventaire des meubles apportés en dot, faire les dépenses d'entretien, supporter les impôts, qui sont une charge des fruits. Il est d'ailleurs dispensé de fournir caution pour la réception de la dot, s'il n'y a été assujetti par le contrat de mariage (art. 1550).

La femme conserve donc, en général, pendant la durée du mariage, la propriété de ses biens dotaux. Mais c'est une propriété sans résultats utiles. Le mari perçoit les fruits en totalité, si la femme n'a usé du droit que lui réserve l'art. 1549, et n'a stipulé qu'elle toucherait une partie de ses revenus. — Il lui est en outre défendu d'aliéner ses biens dotaux, et de s'obliger sur ces mêmes biens.

L'inaliénabilité, directe et indirecte, du fonds dotal, est ainsi établie par l'art. 1554 : « Les immeubles constitués en dot ne peuvent être aliénés ou hypothéqués pendant le mariage, ni par le mari, ni par la femme, ni par les deux conjointement, sauf les exceptions qui suivent. »

Le mari, n'étant pas propriétaire, ne pouvait avoir le droit d'aliéner, et la phrase qui le concerne dans notre texte ne peut avoir d'autre but que de prévenir tout doute venant de l'ancien droit. — La femme, agissant seule, et quoique propriétaire, ne pourrait aliéner puisqu'elle est incapable sans l'autorisation maritale. Mais, et c'est ici la conséquence de l'adoption du régime dotal, elle ne le pourrait non plus, même avec l'autorisation de son mari (art. 1554).

Quel est donc le principe qui sert de base à l'inaliénabilité du fonds dotal? On pourrait concevoir que ce fonds fût indisponible, qu'il fût en quelque sorte mis hors du commerce pendant la durée du mariage. On pourrait dire : il est utile que la conservation de la dot soit assurée pour subvenir régulièrement aux charges du ménage ; affectons la dot à ces charges, comme les biens qui composent un majorat sont destinés à perpétuer la richesse d'une famille.

Mais on peut aussi partir d'un tout autre point de vue. On peut dire : la femme n'a pas toujours la force morale nécessaire pour résister aux demandes du mari la pressant d'aliéner sa dot.

Comme le mineur, que l'on juge incapable d'administrer sa fortune, elle peut avoir besoin d'une protection plus étroite. Lorsqu'en adoptant le régime dotal elle aura confessé sa défiance en ses propres forces, déclarons qu'elle est, pendant la durée du mariage et de l'influence maritale, incapable d'obliger sa dot, de la compromettre par des aliénations directes ou indirectes.

Lequel de ces deux points de vue est celui du législateur? Les conséquences que nous devrons tirer de l'un ou de l'autre principe seront très différentes. Un débiteur n'a plus que ce que la loi déclare insaisissable : il s'oblige, son créancier ne peut rien saisir; il meurt, l'insaisissabilité disparaît et le créancier qui a contracté à une époque où il n'aurait pu se faire payer, pourra maintenant agir sur ces mêmes biens insaisissables. — Un incapable contracte une obligation : elle ne peut pas être exécutée valablement, même s'il devient capable, ou après sa mort. En d'autres termes, quand c'est l'incapacité du débiteur qui met obstacle à l'exécution, aucun acte consenti pendant cette période ne sera valable. On s'attache, pour apprécier l'acte, à l'époque où il a été conclu. En matière d'indisponibilité, on considère le moment où doit avoir lieu l'exécution.

Cette question a été agitée récemment devant la Cour de Paris et la Cour de cassation. Il est admis généralement qu'on peut, en dehors du régime dotal, stipuler l'inaliénabilité de la dot.

Or, partant de cette idée que la femme dotale s'est frappée d'une incapacité contractuelle, la Cour de Paris (17 novembre 1875, — 6 décembre 1877) avait validé une clause par laquelle une femme se déclarait absolument incapable de s'obliger avec l'autorisation de son mari. La clause d'inaliénabilité de la dot, disait-on, est une clause qui touche à la capacité personnelle de la femme. Donc on peut stipuler cette incapacité aussi complète que possible. Une femme peut se déclarer absolument incapable.

Cette doctrine a été condamnée par la Cour de cassation, et avec raison, selon nous. L'incapacité de la femme dotale est toute particulière : elle laisse subsister les obligations que la femme a contractées, mais ces obligations ne pourront s'exécuter sur la dot. Il y a, dans la stipulation de régime dotal, une mise de certains biens, non pas hors du commerce, mais à l'abri des conséquences des faiblesses de la femme. Si générale que soit la constitution de dot, l'obligation n'est pas nulle en elle-même, et peut-être pourra s'exécuter sur certains biens. La clause soumise à l'appréciation de la Cour de cassation supprimait toute possibilité d'exécution, et emportait une sorte d'interdiction contractuelle pour la femme, voilà pourquoi elle ne pouvait être assimilée à la stipulation de régime dotal, pourquoi elle violait l'ordre public.

On a vu par quels procédés les Romains étaient arrivés à la conservation des dots. Le mari, qui jadis avait été propriétaire, mais d'un fonds frappé d'indisponibilité par la loi Julia, voyait sous Justinien son droit réduit à n'être plus guère qu'un droit d'administration. La femme ne pouvait consentir à l'aliénation de son fonds « *ne fragilitate naturæ in repentinam deducatur inopiam.* » La raison alléguée de l'inaliénabilité, c'est la légèreté de la femme, ce n'est pas la nature du fonds dotal.

Nos provinces de droit écrit avaient continué d'appliquer les principes intimement confondus du S. C. Velléien et de la loi Julia. L'idée de l'incapacité de la femme était si étroitement unie à la défense d'aliéner la dot que l'abrogation du sénatus-consulte n'avait pu être acceptée par les provinces qui voulaient conserver l'inaliénabilité, et on a vu par l'exemple du Lyonnais que, renonçant à l'une de ces garanties, on se voyait bientôt obligé de renoncer à l'autre.

Quand les réclamations des pays de droit écrit vinrent, pour ainsi dire, forcer la main aux rédacteurs du Code, et firent ajouter un chapitre aux dispositions sur le contrat de mariage, il semble *a priori* qu'on ait dû suivre les doctrines admises dans ces mêmes pays qui réclamaient le droit de conserver leur régime traditionnel. Cette opinion nous paraît d'ailleurs confirmée par les travaux préparatoires. Les arguments que faisaient valoir les orateurs du régime dotal n'étaient pas l'ordre public intéressé à la conservation des dots.

Ce motif de la loi Julia ne pouvait plus être allégué sous une législation défavorable aux seconds mariages, et qui faisait du régime de communauté le droit commun matrimonial. L'esprit qui animait le législateur lorsqu'il cherchait « à assurer par la conservation des biens la prospérité et le lustre des familles » (Duveyrier), c'était de protéger la femme contre sa propre faiblesse, de la fortifier contre l'ascendant marital. « On empêche, disait M. Siméon, un mari dissipateur de consumer le patrimoine maternel de ses enfants, et une femme faible de donner à des emprunts ou à des ventes un consentement que l'autorité maritale obtient presque toujours. » (Discours au Corps Législatif.)

Lorsque la nécessité d'admettre dans nos Codes le régime dotal était soutenue par de telles considérations, il semble bien que ce régime doive être considéré comme restrictif de la capacité de la femme. Quand on vient dire : la femme est faible de volonté, — la conclusion nécessaire semble être : déclarons-la incapable d'aliéner ses biens dotaux. En fait, pour éviter des obsessions constantes, la femme pourrait donner son consentement à tous les actes que le mari voudrait lui faire conclure. Le législateur ne considère pas que toute femme ait besoin de cette protection; mais il permet que des mesures exceptionnelles soient prises, et que, pour échapper aux conséquences de son inexpérience, la femme dotale ne puisse engager ses biens dotaux. Voilà, ce nous semble, la donnée qui paraît résulter des travaux préparatoires du Code, et des précédents historiques, en tenant compte en outre de l'abrogation du S. C. Velléien.

On attaque cette doctrine en disant : aucun texte ne parle d'une incapacité spéciale frappant la femme sous le régime dotal. Les principes modernes rejettent l'incapacité inhérente au sexe, telle que l'entendait le S. C. Velléien, abrogé chez nous par la loi de ventôse an XII. La doctrine résultant de la combinaison des art. 215, s. q., 1124, 1225, 1431, 1449, se peut formuler ainsi : la femme mariée est incapable quand elle agit sans l'autorisation de son mari : autorisée, elle devient capable sous tous les régimes. — Quant au texte de l'art. 1554, il ne parle pas de la femme à laquelle il viendrait enlever sa capacité par une dérogation au droit commun ; il parle du fonds dotal, qui ne peut pas être aliéné.

Ces arguments ne suffisent pas pour nous faire rejeter la doctrine historique. L'art. 1123 qui porte « toute personne est capable de contracter, si elle n'est déclarée incapable par la loi », ne contredit en rien notre opinion, car nous serions ici, précisément, dans une hypothèse où la femme serait déclarée implicitement incapable. Nous croyons d'ailleurs qu'il y a dans la loi du 10 juillet 1850 un argument en faveur de cette théorie. Le paragraphe ajouté par cette loi à l'art. 1391 s'exprime ainsi : « Si l'acte de célébration du mariage porte que les époux se sont mariés sans contrat, la femme sera réputée à l'égard des tiers *capable* de contracter dans les termes du droit commun, à moins que, dans l'acte qui contiendra son engagement, elle n'ait déclaré avoir fait un contrat de mariage. » Ce texte a été rédigé pour garantir les tiers contre le préjudice résultant pour eux de l'inaliénabilité de la dot, qu'il leur était difficile de constater auparavant. La femme dont il est question ici, c'est la femme dotale, et si l'expression — capable — a été insérée au texte, c'est qu'aux yeux du législateur la femme dotale, en dehors de l'hypothèse prévue, n'est pas capable comme une autre. C'est en effet ce que répétait à plusieurs reprises le rapport sur le projet, dû à M. Valette : « l'incapacité résultant du régime dotal est dérobée à la connaissance du public. » — « La femme dotale est placée pendant le mariage dans une sorte d'incapacité exceptionnelle, ne pouvant plus s'engager valablement avec l'autorisation ou le concours de son mari. » C'est sur une telle conclusion que la loi de 1850 a été votée. Aussi croyons-nous pouvoir admettre qu'il y a dans l'art. 1554 qui défend d'aliéner la dot, une règle de capacité.

La doctrine de l'indisponibilité des biens nous paraît d'ailleurs condamnée, dans quelques-unes de ses conséquences, par le Code même. La loi elle-même autorise dans certains cas l'aliénation du fonds dotal : c'est donc qu'il n'est pas hors du commerce, pas plus que ceux des mineurs ou interdits, c'est que la clause de l'inaliénabilité n'est pas inhérente à l'immeuble, mais à la femme, à sa faiblesse, à la dépendance où elle se trouve vis-à-vis de son mari. Et d'autre part l'indisponibilité se limiterait à la durée du mariage, ce que nous n'admettrons pas; l'indisponibilité devrait exister quelle que soit la cause de l'obligation de la femme; pour nous, l'inaliénabilité n'est pas opposable quand il s'agit d'obligations qui ne résultent pas d'actes volontaires accomplis par la femme.

Le principe résulte, à nos yeux, des données suivantes, solutions écrites dans la loi, ou si évidemment sous-entendues qu'elles sont admises universellement : Quand la volonté de la femme n'a pas eu à intervenir, l'aliénation est possible; quand il s'agit, par exemple, de servitudes légales, ou d'expropriation pour utilité publique. N'est-ce pas précisément parce qu'elle n'est pas volontaire, que l'aliénation est permise? Donc il y a dans l'inaliénabilité une idée d'incapacité. — Et si les créanciers antérieurs au mariage peuvent saisir la dot, c'est que sa capacité était entière avant la stipulation de régime dotal. — Ceux qui ont contracté pendant le mariage avec la femme ne peuvent saisir la dot après le mariage : c'est encore parce qu'il n'y a pas là seulement une règle de disponibilité. — S'il y avait seulement indisponibilité, la prescription commencée avant le mariage devrait être suspendue par le mariage.

Nous ne voulons pas dire d'ailleurs, quand nous nions l'indisponibilité et voyons dans l'article 1554 une règle touchant la capacité des femmes, que ce soit là vraiment une incapacité *personnelle*, comme celle du mineur ou de l'interdit. C'est une incapacité particulière, ainsi que le remarquait M. Valette, c'est ce qu'on a appelé une incapacité *réelle*. Nous ne voyons pas dans notre régime dotal une résurrection du S. C. Velléien. Si on partait de ce point de vue, on devrait admettre que l'obligation de la femme n'est pas valable même sur ses biens paraphernaux. Ce serait à notre avis une conclusion exagérée. Pour nous, les deux idées : incapacité, indisponibilité, sont fondues dans l'art. 1554, et naissent simultanément. L'incapacité est restreinte aux biens dotaux, pour tout le reste, la femme est pleinement capable. Eût-elle constitué en dot tous ses biens, la femme est toujours capable, en principe : mais sa capacité est suspendue quand il s'agit d'engager ses biens dotaux. Son obligation n'est pas valable relativement aux biens dotaux, mais elle s'exécutera sur les autres biens, s'il y en a : voilà en quoi ce n'est pas une incapacité ordinaire que celle de la femme dotale.

S'il y avait seulement une incapacité *personnelle*, les tiers qui détiennent un fonds dotal sans l'avoir reçu du mari ni de la femme, devraient pouvoir l'usucaper, ce qui leur est impossible.

Limitant notre étude aux conséquences de l'inaliénabilité sur la dot immobilière, nous rechercherons quels actes sont prohibés par la défense d'aliéner le fonds dotal; — quel est le sort des obligations consenties par la femme, et de celles qui ont pris naissance en dehors d'un contrat; — le caractère de la nullité de l'aliénation, la possibilité de ratifier, la sanction de la nullité.

CHAPITRE II

CONSÉQUENCES DE L'INALIÉNABILITÉ

SECTION PREMIÈRE

Pour les actes qui auraient pour effet direct d'aliéner tout ou partie du fonds dotal, l'inaliénabilité commence au jour du mariage. Nous verrons plus loin ce qu'il faut décider pour les obligations consenties par la femme entre le contrat de mariage et le mariage, et si elles donnent aux créanciers un droit de gage.

Jusqu'au jour du mariage la femme peut donc vendre son immeuble dotal, et cette vente, si elle n'avait pas été transcrite au jour du mariage, serait encore opposable à la femme. Que décider pour les rapports entre le mari et l'acquéreur ? Si on considère le mari comme un tiers ayant sur l'immeuble un droit réel, il faudra décider, conformément à l'art. 3 de la loi du 26 mars 1855 que l'acquéreur ne peut invoquer son contrat, à l'encontre de la jouissance du mari, qu'après transcription. Et réciproquement le mari devrait transcrire le contrat de mariage pour l'opposer au tiers dont le contrat d'acquisition ne serait pas transcrit encore. Si au contraire on n'admet pas que le mari ait un droit réel de jouissance, la transcription deviendrait inutile pour l'acheteur et contre lui.

Tous les actes de disposition, comme la vente, même avec clause de réméré, l'échange, la transaction, le compromis, le partage d'ascendant, l'institution contractuelle, la donation, sont nuls. Ce qui est vrai de la propriété l'est aussi de ses démembrements, et les époux ne pourraient sur le fonds dotal consentir une hypothèque ou une servitude.

Dans la défense d'aliéner, doit-on comprendre la défense de partager à l'amiable le fonds dotal indivis entre plusieurs? Nous ne le pensons pas. Sans doute l'art. 1558 exige l'intervention de la justice dans le cas d'une licitation, mais aussi il y a cette différence importante que la licitation dénature la dot immobilière, tandis que le partage laissera à la femme une part de l'immeuble qu'elle avait par indivis et nous déduirons de ce même art. 1558, par un *a contrario* la possibilité d'un partage amiable. Du reste, nous voulons par là dire que le mari et la femme, sur la demande d'un cohéritier, pourront procéder au partage; — qu'eux-mêmes pourraient le provoquer, en se fondant sur l'art. 819, et sur les inconvénients de l'indivision. Mais le mari, agissant seul, ne pourrait faire ce partage. L'art. 818 veut que la femme intervienne chaque fois qu'il s'agit de biens qui lui restent propres. Si, quand cet article fut rédigé, on ne pensait pas encore au régime dotal, les raisons de cette décision sont les mêmes sous ce régime que sous un autre.

L'art. 1549 en donnant au mari l'exercice des actions dotales, n'a pas dû déroger au principe posé par l'art. 818 pour l'action en partage.

La transaction et le compromis sont évidemment visés par la défense de l'art. 1554. Car ces deux sortes d'actes exigent la capacité d'aliéner (2045 C. civ. — 1003 C. proc.). Le partage d'ascendant a donné lieu à quelques difficultés. On faisait remarquer que ce n'est pas une aliénation ordinaire; les enfants étant comme les copropriétaires du fonds, l'ascendant ne fait que devancer leur mise en possession. Et on en concluait à la validité du partage que la femme aurait par anticipation fait de ses biens dotaux. — Mais cette idée ne nous paraît pas exacte. Du vivant des parents les enfants n'ont aucun droit et ne peuvent attaquer aucun acte à titre onéreux, et les seuls actes à titre gratuit qui entament la réserve. L'art. 1076 soumet, il est vrai, le partage d'ascendants aux formes, règles, conditions des donations entre-vifs. Mais si la donation entre-vifs est permise en faveur des enfants par l'art. 1556, il semble que le partage anticipé ne rentre pas dans l'esprit de la loi. On veut sans doute aussi qu'aucune atteinte ne soit portée aux droits de la famille, mais le but principal du régime dotal, c'est l'intérêt de la femme. Or il ne nous paraît pas que cet intérêt soit compatible avec un dépouillement actuel et irrévocable, qui d'ailleurs n'est pas nécessaire pour l'établissement des enfants aux termes de l'art. 1556. Toutefois, il a été jugé en sens contraire (Caen, 1869, Sir, 70, 2, 36), mais dans des circonstances où il semblait que le seul parti possible pour doter un enfant fût en effet un partage anticipé.

En principe donc, les biens dotaux ne peuvent faire l'objet d'un partage anticipé, sauf l'application exceptionnelle des art. 1555, 1556. Supposons maintenant que l'ascendant d'une femme qui s'est constitué tous biens présents et à venir en dot, fasse un partage, anticipé. La femme peut accepter valablement ce partage, mais s'il contient pour elle une lésion de plus d'un quart, peut-elle encore le confirmer? Nous ne le croyons pas. Elle a, par suite de cette lésion, une action en rescision dont le résultat serait d'augmenter son patrimoine dotal. En renonçant à cette action, elle semble diminuer son patrimoine, ce qu'elle n'a pas le droit de faire (Cass., 1866).

Nous donnons pour l'institution contractuelle la même solution que nous avons donnée pour le partage. La femme ne peut disposer de ses biens par cette voie ; si ce n'est au profit de ses enfants, pour les doter ou les établir (art. 1555, 1556). Dans l'ancien droit, on assimilait l'institution contractuelle au legs et à la donation à cause de mort, et on la permettait toujours, comme ne devant produire d'effet qu'à une époque où les biens y compris ne seraient plus dotaux. Dans notre Code, l'institution se rapproche de la donation entre-vifs bien plus que du legs : car elle est irrévocable. Si le disposant conserve le droit d'aliéner à titre onéreux, il ne peut plus le faire à titre gratuit. Ne serait-ce pas aller directement contre le vœu de la loi que permettre à la femme de s'enlever, au profit d'un étranger, la faculté de disposer de ses biens en faveur de ses enfants? Aussi la question est-elle tranchée unanimement en ce sens que la femme est reconnue incapable de faire une institution contractuelle au profit d'un étranger. La solution est tout autre quand l'institué est un enfant, par application des art. 1555, 1556.

Un bail dont la durée excèderait le temps fixé par les art. 1429 et 1430 serait pareillement annulé pour tout ce qui excèderait ces limites.

La pleine propriété des biens dotaux ne peut se trouver diminuée par des servitudes ou hypothèques consenties par la femme ou par le mari. Nous devons excepter de cette prohibition les aliénations ou charges que la loi impose : expropriation pour utilité publique, cession de mitoyenneté, servitudes légales résultant par exemple de la situation des lieux : solutions que nous pouvons motiver sans alléguer de motif d'ordre public, en remarquant qu'ici la volonté de la femme n'a pas à intervenir, et qu'on n'a pas à tenir compte, par conséquent, de son incapacité.

Une conséquence de l'inaliénabilité, c'est l'impossibilité pour la femme de renoncer à son hypothèque légale ou de céder son rang. C'est là que le régime dotal réagit sur la fortune du mari, qui ne peut obtenir de crédit sur ses biens à moins d'avoir une fortune très supérieure à la dot de sa femme. Cette garantie est nécessaire pour assurer à la femme le paiement de ses reprises, et des obligations que le mari peut avoir contractées en dégradant le fonds dotal ou en le laissant prescrire. L'art. 9 de la loi du 23 mars 1855 démontre l'impossibilité où est la femme de renoncer à cette garantie.

La défense d'aliéner le fonds dotal n'est pas applicable aux actes de dernière volonté. La femme reste capable de tester. Quelle solution faut-il donner pour une donation entre-vifs faite au mari ? La Cour de cassation a validé une telle donation de biens dotaux, en se basant sur l'art. 1096 qui la déclare révocable *ad nutum*, et qui permet de l'assimiler à un testament. Mais il pourrait arriver que la femme devînt incapable d'user de cette faculté de révocation? Ce motif ne doit pas nous faire rejeter la décision. On pourrait seulement admettre que des mesures conservatoires fussent prises contre les créanciers du mari.

Le Code énumère différents cas où cesse la prohibition d'aliéner (1555-1559). Toutes ces exceptions à la règle sont parfaitement en harmonie avec le principe que nous avons adopté : la femme n'a pas capacité pour aliéner ses biens dotaux, quand on la suppose sous l'influence du mari. Mais dès qu'on n'a plus à craindre cette influence, cesse l'incapacité : et la loi cite le cas où il s'agit de doter des enfants (1555 et 1556) — de fournir des aliments à la famille, de payer des dettes antérieures au mariage, faire de grosses réparations, de liciter ou d'échanger l'immeuble (1558 et 1559). On n'a pas à craindre, dans ces hypothèses, une faiblesse de la femme, aussi lève-t-on la règle établie dans son intérêt.

L'inaliénabilité du fonds dotal s'étend-elle aux fruits de ce fonds? Cette question a donné lieu à de vives controverses, et plusieurs opinions divergentes ont été émises. Elle peut se poser ainsi : pendant le mariage, le mari, ou la femme peuvent-ils aliéner les revenus de la dot? Etudions d'abord l'effet des actes du mari.

Dans une doctrine, le fonds dotal seul est protégé. Pendant le mariage, le mari est propriétaire des fruits (nous avons dit qu'il était une sorte d'usufruitier), et l'excédant qui reste après le paiement des charges du ménage, lui appartient. Il peut, cela est incontestable, disposer à sa guise des fruits perçus, les dissiper au lieu de les employer aux charges du ménage. Il a comme un droit d'usufruit dont aucun texte ne lui défend de se dépouiller, et qui est donc cessible comme tout usufruit. Si son imprudence fait craindre que les charges du ménage ne puissent plus être acquittées, la femme demandera la séparation de biens.

Cette doctrine n'est pas sans dangers. Si le mari peut aliéner à l'avance les revenus de la dot, celle-ci deviendra complètement inutile : bien mieux, il pourra se faire que, les revenus étant engagés à l'avance, la famille se trouve dans le dénûment, et qu'on soit obligé de demander à la justice l'autorisation d'aliéner le fonds dotal pour fournir des aliments à la famille. Que le mari dissipe les revenus échus, ce sera un mal assez restreint, et une séparation de biens l'empêchera de se renouveler par la suite. Mais quant à ceux qui ne sont pas perçus, le danger est bien plus grave. On ne peut nier d'ailleurs que l'usufruit du mari ne soit de nature particulière : c'est le mari qui paie les charges du ménage, et les fruits de la dot doivent y contribuer. Aussi, administrateur de la dot, il en a la jouissance, mais pour subvenir à ces charges. S'il gagne l'excédant, c'est pour éviter des complications de redditions de comptes, mais, encore une fois, c'est dans un but déterminé qu'il a la jouissance de la dot. Ces considérations ont amené à cette doctrine : le mari dispose à sa guise des fruits échus, mais pour ceux à échoir il ne peut les aliéner qu'en ce qui excède les besoins du ménage ; car pour cette portion il a un droit éventuel s'il fait des économies, et ce droit il peut en disposer.

On a fait des objections à cette doctrine : elle confond, dit-on, les *causes* du droit de jouissance du mari, et les *effets* de ce droit. Elle conduit à des difficultés pratiques. L'appréciation qu'il faudra faire de l'étendue des charges du ménage, pour savoir quelle valeur a pu valablement être engagée par le mari, sera toujours très délicate à raison de la variabilité de ces charges. On a donc proposé de refuser au mari toute possibilité de céder par avance son droit de jouissance, et on dit : quelle qu'en soit la cause, le droit du mari est un démembrement du fonds dotal, et, comme démembrement du fonds, on fait rentrer son incessibilité dans la prohibition de l'art. 1554. Ce texte contient en effet une défense à l'adresse du mari. On la considère généralement comme inexplicable, le mari n'étant pas propriétaire du fonds. Mais pour qui admet que l'usufruit est bien une partie du fonds, ce texte prend une signification, qui est de défendre au mari d'aliéner son droit de jouissance. — Dans cette doctrine, on n'admet plus les tempéraments de la jurisprudence : toute la jouissance est dotale, tous les fruits sont (tant que le mari ne les a pas perçus) inaliénables par lui.

Nous ne croyons pas que l'art. 1554 ait cette portée, et que l'expression : « les immeubles constitués en dot », vise, dans l'intention du législateur, le droit de jouissance du mari, et nous avons pu expliquer la phrase qui vise le mari par une reproduction irréfléchie d'anciens textes.

Dans l'opinion que nous avons émise, et qui fait de la jouissance du mari un droit spécial, il ne nous paraît pas qu'on puisse d'ailleurs qualifier ce droit, d'une façon précise : un démembrement de la propriété. Nous n'adopterons pas le système qui proclame l'inaliénabilité absolue des fruits de la dot, ne voyant pas pourquoi, si des créanciers se contentent d'acquérir des droits sur le profit éventuel du mari, on enlèverait à celui-ci ce moyen de crédit qui ne peut nuire à la dot. — Quant à l'aliénabilité absolue, elle nous paraît incompatible avec les motifs qui ont fait donner au mari la jouissance des biens dotaux; il nous semble impossible que le mari puisse par avance disposer de valeurs qui n'entreront dans son patrimoine que jour par jour et en compensation de charges correspondantes. Nous nous rallions au système consacré maintes fois par la jurisprudence, qui distingue entre la portion nécessaire au ménage, et l'émolument du mari.

La question de l'aliénabilité des fruits peut se poser relativement à la femme. Peut-elle disposer des revenus de sa dot? Nous rejetons immédiatement la doctrine qui, dans ce cas encore, soutient l'aliénabilité absolue. Elle est détruite par les mêmes raisons qui nous l'ont fait rejeter tout à l'heure, à savoir que la dot pourrait devenir inutile dans les mains des époux s'ils étaient libres d'en engager les revenus, et que cette situation pourrait aboutir à une aliénation nécessaire du fonds. — Une autre opinion, beaucoup plus sérieuse, fait une distinction. Avant la séparation de biens, les créanciers ne peuvent tenir aucun droit de la femme. Après la séparation, ils peuvent acquérir des droits sur ce qui restera après l'acquittement des charges du ménage (Paris, 1851). Si avant la séparation la femme contracte et oblige par anticipation ses revenus, comme ils ne lui appartiennent pas pendant le mariage l'obligation ne pourrait être exécutée qu'après la séparation. Pourrait-elle l'être à ce moment? Non, répond-on, pour aucune portion, parce que par sa condescendance la femme pourrait se trouver réduite au nécessaire pour le reste de ses jours. — Après la séparation, la femme qui a repris l'administration de ses biens, qui peut disposer à sa guise des revenus perçus, pourrait-elle en disposer par anticipation? Oui, répond-on, cette fois; mais seulement pour la portion excédant les charges de la famille.

Nous admettons bien la première donnée de ce système, nous repoussons la seconde. Nous ne croyons pas que, avant la séparation, la femme puisse pour l'avenir engager ses revenus; elle est aussi incapable pour le revenu que pour le fonds dotal. Mais pour les actes qu'elle consent après la séparation, nous repoussons la distinction ci-dessus. Cette distinction est inspirée par la théorie de l'indisponibilité des biens dotaux; on se dit : ces biens sont indisponibles pour assurer le paiement des charges de la famille, donc les revenus doivent être dans la même mesure indisponibles. — Mais nous partons d'une autre donnée; nous disons : la femme est incapable d'engager ses biens dotaux, et les revenus de ces biens. La séparation ne lui rend pas cette capacité; ou plutôt ne la lui rend pas entière, mais lui permet de reprendre l'administration de sa fortune, et dans cette mesure elle redevient capable. Nous croyons que si une anticipation de revenus est jugée acte de sage administration, les créanciers en faveur desquels cette anticipation serait consentie pourraient s'en prévaloir. Y a-t-il eu acte de prudent administrateur? Tel serait notre criterium.

Notons ici une conséquence qu'aurait la doctrine de l'indisponibilité, appliquée aux revenus dotaux : l'engagement étant supposé valable, c'est son exécution seule qui est empêchée : or, si on admet que l'exécution puisse avoir lieu pour l'excédant, après séparation, on ne devrait pas faire de distinction et rechercher si l'obligation est ou n'est pas postérieure à la séparation. Mais les partisans de la théorie de l'indisponibilité sont obligés de reculer devant cette conséquence logique de leur principe.

En résumé, pour l'application aux revenus de la dot du principe d'inaliénabilité, voici la doctrine que nous admettons : pendant le mariage, le mari ne peut engager les fruits non échus que pour ce qui excèdera les besoins du ménage. La femme pendant le mariage, ne peut pour aucune portion engager ces revenus. Après la séparation, elle peut les engager dans les limites d'une sage administration.

SECTION II

DES OBLIGATIONS CONTRACTÉES PAR LA FEMME AVANT LE MARIAGE

Le principe général posé par l'art. 2092, que les biens d'un débiteur sont le gage de ses créanciers, reçoit de notables exceptions en ce qui touche les biens dotaux. Ces modifications au principe sont plus ou moins profondes selon que les obligations de la femme ont été contractées avant ou pendant le mariage.

L'art. 1558-4° permet l'aliénation du fonds dotal pour le paiement des créanciers antérieurs au mariage. Pour qui admet le principe que nous avons posé, de l'incapacité de la femme, ceci est parfaitement légitime. Car l'obligation de la femme date d'une époque où sa capacité était pleine et entière; elle est valable. On ne saurait d'ailleurs comparer à une aliénation la stipulation de régime dotal et dire que la femme a mis ses biens dotaux hors du gage de ses créanciers. — Les auteurs qui soutiennent la théorie de l'indisponibilité, tout en reconnaissant que l'exécution de ces obligations est possible pendant le mariage, motivent cette solution sur l'équité, disant qu'il est juste de préférer les créanciers antérieurs. C'est là une considération morale qui serait insuffisante pour expliquer, si les biens étaient réellement hors du commerce, comment les créanciers chirographaires peuvent les poursuivre.

Les créanciers antérieurs au mariage peuvent donc se faire payer sur les biens dotaux. Il ne saurait y avoir de doute pour les créanciers hypothécaires. — Pour les créanciers chirographaires, on peut prévoir plusieurs cas. Si la femme s'est constitué en dot tous ses biens, les créanciers peuvent saisir la pleine propriété de la dot, puisque cette constitution ne s'entend que déduction faite des dettes. — Dans le cas de constitution de biens particuliers, nous avons dit qu'il n'y avait pas distraction des biens du gage des créanciers. Nous examinerons ci-dessous l'étendue de leur droit.

L'art. 1558-4° reconnaît ce droit de poursuite aux créanciers dont le titre a « une date certaine antérieure au contrat de mariage. » Deux questions se posent sur ce texte. On s'est demandé d'abord pourquoi les créanciers qui ont contracté avant le mariage, mais depuis le contrat de mariage, seraient privés du droit de poursuivre. L'incapacité de la femme basée sur l'influence du mari, ne commence qu'au jour du mariage. Jusque-là, la femme doit être réputée pleinement libre. Aussi a-t-on proposé de lire simplement « les obligations ayant date certaine antérieure au mariage. » Cette correction rend plus rationnel le système de la dotalité. Jusqu'au mariage (arg. art. 1554) la femme peut aliéner ou hypothéquer ses biens. Pourquoi, dès le jour du contrat de mariage, ne pourrait-elle plus faire indirectement ce qu'elle a le droit de faire directement, pourquoi serait-elle incapable d'affecter sa dot à l'exécution de ses obligations?

Du reste, la loi n'attache pas un sens bien précis à ces expressions « contrat de mariage ». Dans l'art. 2194, il est dit que l'hypothèque légale de la femme prend rang à compter du jour du contrat de mariage. Or, il est absolument incontestable, et cela résulte de l'art. 2135, que cette hypothèque n'existe qu'à partir du mariage : aussi lit-on, dans l'art. 2194 « célébration du mariage » au lieu de « contrat de mariage. » Pourquoi ne ferait-on pas de même dans l'art. 1558? Notons bien que le système contraire est très dangereux pour les tiers qui traitent avec la femme : rien ne les prévient de l'existence d'un contrat enlevant à la femme sa capacité. Le but de la loi de 1850 serait manqué en partie, et des fraudes seraient à craindre : une femme adopte le régime dotal, puis contracte des engagements. Dans son acte de mariage elle fait les déclarations prescrites par la loi de 1850, et est, de par cette loi, admise à se prévaloir des incapacités résultant de son contrat. Elle pourrait invoquer, pour frauder ses créanciers, un acte resté secret? Comment admettre cette solution quand un contrat de mariage suivi de la célébration solennelle du mariage, n'a pas aux yeux du législateur une publicité suffisante pour permettre d'invoquer le régime exceptionnel stipulé, sans une déclaration formelle? Ainsi jugé par un arrêt de la cour de Rouen du 10 janvier 1867.

En sens contraire, on allègue le texte, d'abord, puis l'opinion de Roussilhe, qui craignait la possibilité d'antidates servant à déguiser des engagements conclus pendant le mariage. Il serait aussi à craindre, dit-on, que les conventions matrimoniales soient profondément modifiées par l'effet des obligations consenties par la femme avant le mariage. — Ce sont là, sans doute, de sérieuses raisons, mais nous préférons nous en tenir au précédent système, aimant mieux voir dans le texte une incorrection d'expression qu'une bizarrerie dangereuse pour les tiers.

Les créanciers doivent avoir un titre ayant date certaine. C'est une dérogation au principe de l'art. 1322, puisqu'il s'agit d'une contestation entre les parties contractantes. Il fallait garantir la femme même contre la possibilité d'une antidate.

Doit-on faire ici l'application de l'art. 1328, et ne tenir la date pour certaine, que dans les hypothèses prévues par cet article ? Bien que cette question soit discutée, il nous semble qu'on doit la résoudre affirmativement. L'insistance du législateur précisant : une date *certaine*, nous paraît significative, et dans cet ensemble de précautions prises en faveur de la femme, il y aurait une lacune si on ne prévenait toute possibilité d'antidate. Nous ferions du reste une exception à cette rigueur pour les obligations contractées par la femme comme marchande publique.

Des divergences se sont produites dans l'appréciation de l'étendue du droit des créanciers. Quand la femme s'est constitué en dot tous ses biens, on est d'accord pour reconnaître aux créanciers le droit de se faire payer sur la pleine propriété des biens dotaux. Pour les biens présents, le mari n'en a recueilli l'universalité que déduction faite des charges qui les grevaient; — et pour les biens échus à la femme par la suite, ils ne sont recueillis par elle que dettes payées. — La difficulté se produit quand la constitution porte sur des biens déterminés. On admet bien généralement que les créanciers hypothécaires peuvent se faire payer sur la pleine propriété des biens. On prétend que les créanciers chirographaires n'ont de droit que sur la nue propriété. A nos yeux, l'incapacité de la femme n'existant que pour les actes postérieurs à son mariage, on conçoit bien que les créanciers des deux classes, qui ont contracté avec une personne capable, conservent leurs droits. Mais pourquoi distinguer entre les créanciers hypothécaires et chirographaires? Les uns et les autres ont un droit depoursuite indépendant de la nature de leur créance; ils agissent parce qu'on ne peut voir réellement une aliénation dans le fait d'adopter le régime dotal. On a raisonné ainsi : les créanciers hypothécaires ayant leur hypothèque sur la pleine propriété, aucun acte de la femme ne peut diminuer leur sûreté. Mais le gage général que l'art. 2092 reconnaît aux créanciers chirographaires se trouve diminué par l'aliénation de la jouissance acquise au mari; on peut dire que l'usufruit de la dot n'est plus dans le patrimoine de la femme. Si généralement admise que soit cette doctrine, nous croyons devoir ne pas l'adopter. Que l'usufruit de la dot ait été par la femme aliéné au profit du mari, c'est ce qui nous paraît inexact. Le droit du mari lui appartient parce qu'il est administrateur du patrimoine de la famille, il ne nous paraît pas être un droit distinct du fonds, un droit susceptible de survivre à l'aliénation de ce fonds. L'article 1558 permettant d'aliéner le fonds pour payer les créanciers antérieurs au mariage on en a conclu légitimement qu'ils avaient un droit de saisie. Mais, puisque on se base sur cet art. 1558, il faut bien reconnaître qu'il ne fait aucune réserve au profit du mari (Montpellier, 6 mars 1844, Bordeaux, 29 août 1855). Les créanciers n'avaient-ils pas un droit antérieur à celui du mari ? Un arrêt récent de la Cour de Montpellier, sans examiner le fond même de la question, suppose qu'elle est tranchée dans le sens que nous proposons. Cet arrêt a permis aux créanciers antérieurs au mariage de saisir une créance dotale. En admettant le quasi-usufruit du mari, et la doctrine qui le réserve en cas de saisie, il faudrait décider que, la créance dotale étant vendue, le mari en touche le prix et les créanciers devraient attendre la dissolution du mariage. Le montant du prix de la créance doit au contraire, a dit la Cour de Montpellier, être versé immédiatement aux créanciers: rien n'est réservé au mari.

Même lorsqu'on repousse la doctrine que nous venons d'admettre, on ne laisse pas toujours les créanciers désarmés, et on leur reconnaît le droit d'invoquer l'art. 1167. Ils pourront, en vertu de cet article, saisir la pleine propriété du fonds dotal; mais ils devront d'abord prouver la fraude commise par la femme; ensuite ne devront-ils pas prouver la collusion du mari? La réponse à cette question dépend de la solution donnée à celle-ci : la constitution de dot est-elle un contrat à titre gratuit, ou à titre onéreux, à l'égard du mari? Pour qui admet que c'est un contrat à titre onéreux, les créanciers devront prouver qu'il y avait fraude de la part du mari. — Pense-t-on qu'il y a seulement contrat à titre gratuit, les créanciers pourront saisir la pleine propriété en prouvant seulement la fraude de la femme. — Pour nous, nous n'avons pas à faire ces distinctions : les créanciers saisissant la pleine propriété sans avoir à invoquer l'art. 1167.

Nous supposions une constitution de dot par la femme elle-même. Si c'est un tiers qui lui a constitué une dot, les créanciers de la femme peuvent-ils néanmoins agir sur les biens dotaux? Non, dit-on : ils ne peuvent saisir même la nue propriété, car le fonds n'entre dans le patrimoine de la femme que comme fonds dotal, c'est-à-dire inaliénable. Jamais ce fonds n'a été de ceux qu'elle pouvait engager. — Nous rejetons encore cette doctrine. La femme s'est engagée, dans l'espèce, à une époque où elle était pleinement capable. Ses biens à venir, comme ses biens présents, répondaient à ses créanciers de l'exécution de l'engagement. Ainsi que le disait l'arrêt précité de la cour de Bordeaux, la stipulation d'inaliénabilité ne concerne que l'avenir et ne protège les biens de la femme que contre les engagements qu'elle contracte au cours du mariage, parce qu'on suppose qu'elle a subi l'influence maritale. Mais l'inaliénabilité n'a pas d'application quand il s'agit d'actes antérieurs au mariage. Nous admettrions donc ici encore les créanciers à poursuivre, et à poursuivre pour la pleine propriété.

SECTION III

DES OBLIGATIONS CONTRACTÉES PAR LA FEMME DURANT LE MARIAGE

Ainsi que nous l'avons exposé plus haut, les obligations que la femme contracte au cours du mariage ne sont pas radicalement nulles, mais seulement en tant que l'exécution en serait poursuivie sur les biens dotaux. Quant à ces biens, elles sont nulles, et ne pourront s'exécuter, même après la dissolution du mariage, ni contre la femme elle-même, ni contre ses héritiers, pas même sur le prix des immeubles dotaux librement aliénés par la veuve ou ses héritiers, mais seulement sur les paraphernaux ou sur les biens libres que la femme peut acquérir. Reprenons ces diverses conséquences.

On a prétendu, dans l'ancienne jurisprudence, et sous l'empire du Code, qu'après la dissolution du mariage les biens dotaux échappaient à tout privilége. C'est la pure doctrine de l'indisponibilité. Mais c'est rendre inutiles toutes les précautions prises pour conserver la dot; et on ne saurait comprendre que, si la femme peut, aux termes de l'art. 1560, demander la révocation, après dissolution du mariage, de l'aliénation qu'elle avait consentie et exécutée, elle soit obligée d'en subir les effets quand l'exécution n'a pas encore eu lieu. Aussi cette solution est-elle généralement rejetée. On a cru pouvoir invoquer l'ordre public, intéressé à la conservation des dots, pour motiver une décision protégeant les biens dotaux après la dissolution du mariage, et la concilier avec la doctrine de l'indisponibilité. Cette raison nous paraît inadmissible, eu égard à la place que le régime dotal occupe dans nos lois.

Pour nous, l'obligation reste nulle après la dissolution du mariage, et ne pourra pas s'exécuter sur les biens dotaux. Supposons-nous que le mariage ait pris fin par la mort de la femme, nous lui assimilerons ses héritiers, et les biens dotaux dans leurs mains resteront affranchis des obligations contractées par la femme au cours du mariage. L'art. 1560 permet aux héritiers de faire révoquer l'aliénation consentie par la femme, comment peut-on les regarder comme obligés? La jurisprudence est aujourd'hui fixée en ce sens. Il y a pourtant encore quelque hésitation sur cette question : quand les héritiers de la femme ont accepté sous bénéfice d'inventaire, on admet bien que l'obligation ne peut être exécutée sur les biens dotaux, ni sur ceux de l'héritier. Mais, quand ils ont accepté purement et simplement, il y a doute. Un arrêt de la Cour de cassation a décidé, en 1855, que l'héritier pur et simple était tenu sur ses biens propres. On a proposé une solution contraire; l'adition d'hérédité est un quasi-contrat, a-t-on dit, qui oblige celui qui la fait purement et simplement à payer les dettes de la succession, mais seulement celles contre lesquelles il n'est pas d'action en nullité. Or ici il y a action en nullité (arg., art. 1560). L'héritier n'aura donc pas à payer la dette sur ses biens propres.

On a restreint cette doctrine au cas où tous les biens ayant été constitués en dot, il est sûr qu'il n'y avait pas de paraphernaux, que la femme n'avait pas de biens sur lesquels pût s'exécuter l'obligation. Le défaut d'inventaire ne cause certainement, en pareil cas, aucun préjudice aux créanciers. Mais quand il y avait des paraphernaux on admet qu'il a pu se faire une sorte de détournement des valeurs dotales, et que les créanciers seraient autorisés à saisir les biens de l'héritier. —

Nous préférons, dans tous les cas, répondre que l'héritier qui n'a pas fait inventaire est tenu sur ses biens. La dette de la femme est au fond valable, excepté sur sa dot. Or, pour pouvoir invoquer cette défense, il nous semble que l'héritier doit faire constater quels biens il recueille. En confondant son patrimoine avec celui de la femme, il s'est engagé à payer sur ses biens les dettes de la femme. Sans doute la nature de la dette n'a pas changé, mais c'est une dette qui n'est pas nulle au fond radicalement, qui n'est nulle que quant aux biens dotaux.

Nous n'admettrions aucune distinction entre les enfants et les collatéraux, entre les héritiers *ab intestat* et les légataires. Tous, aux termes de l'article 1560, peuvent faire révoquer l'aliénation.

La femme, après la dissolution du mariage, ou ses héritiers, peuvent aliéner le fonds dotal. Les créanciers envers qui elle s'est obligée pendant le mariage peuvent-ils saisir le prix ? Non : leur titre ne leur donnait aucun droit sur cette portion des biens de la femme. La garantie que donne le régime dotal serait illusoire si, pour sauver les biens des conséquences des engagements de la femme. il fallait les conserver en nature. Il s'agit d'apprécier la validité de poursuites exercées en vertu d'une obligation contractée pendant le mariage ; plaçons-nous au moment où est née cette obligation : si à cette époque elle n'était pas valable sur les biens dotaux, elle n'a pas pu, le vice provenant de l'incapacité de la femme, devenir valable sur ces biens sans une ratification dûment consentie par elle (Cpr. Douai, juillet 1853).

Les obligations ainsi contractées durant le mariage par la femme s'exécuteront sur ses paraphernaux, et sur les biens qu'elle acquerra après la dissolution du mariage. Dans l'hypothèse où tous ses biens présents et à venir auraient été constitués en dot, on ne pourra encore la regarder comme incapable de s'obliger. Elle est actuellement dans la situation d'un débiteur insolvable. Si, le mari étant prédécédé, elle vient à recueillir une succession, ses engagements deviendront exécutables sur cette succession, puisque les biens qui la composent n'ont jamais été dotaux, et n'ont par conséquent pas rempli la condition qui pourrait les soustraire à la poursuite des créanciers. — On a attaqué cette solution, en disant que le vœu du père de famille ne sera pas rempli si des obligations contractées sous l'influence du mari s'exécutent sur les biens qui adviennent à la femme, quelques jours peut-être après la dissolution du mariage. Ce serait là un argument plus législatif que juridique, et qui conduirait à rien moins qu'au rétablissement de l'incapacité absolue des femmes. Dans notre Code, la dot est l'ensemble des biens qui contribuent aux charges du ménage : les biens échus trop tard pour satisfaire à cette destination ne sauraient être qualifiés dotaux, ils sont dans le gage des créanciers. Il ne faut pas perdre de vue que l'incapacité n'est pas absolue, mais seulement dans l'intérêt de la dot.

SECTION IV

DES ENGAGEMENTS NÉS SANS CONVENTION

Nous avons jusqu'ici supposé la femme obligée en vertu d'un contrat. En dehors de cette hypothèse, les principes que nous avons posés nous conduiront à des solutions contraires quand la femme se trouvera liée sans intervention de sa volonté.

Il est admis généralement que les condamnations pour crimes et délits s'exécutent sur les biens dotaux. C'est un principe nécessaire, et en pareille hypothèse le mineur même ne serait pas protégé. Admis par l'ancien droit, il est consacré définitivement par la jurisprudence et la doctrine. La femme n'étant pas soustraite au principe de l'article 1382, sa responsabilité sur les biens dotaux existe également pour la réparation de ses délits civils, et de ses quasi-délits. Il y a bien là un acte de volonté de sa part, mais volonté qui ne tendait pas directement à obliger ses biens. Sans doute on a voulu protéger la femme contre les influences qui pourraient agir sur son consentement, mais non pas lui assurer l'impunité de ses méfaits. Si, dans un contrat, les tiers peuvent se reprocher d'avoir contracté avec l'incapable, ici, ils seraient très injustement sacrifiés à la femme.

Cette solution sera évidemment la nôtre. Nous avons rattaché les privilèges de la femme dotale à une incapacité particulière. Or il est de principe que les incapables ne sont pas restituables contre les obligations nées de leur délit ou quasi-délit. (Art. 1310.)

Quand la femme se sera rendue coupable d'un crime ou délit puni par la loi pénale, l'amende et les dommages-intérêts pourront être poursuivis sur les biens dotaux. Il a été jugé ainsi notamment au cas de banqueroute frauduleuse d'une femme dotale.

Pour les mêmes motifs, la réparation des délits civils et des quasi-délits de la femme pourra se poursuivre sur ses biens dotaux. Cette doctrine est d'ailleurs admise sans contestation par la jurisprudence. La femme est considérée comme soumise aux règles ordinaires sur la responsabilité. Il suffit qu'elle ait commis un dol ou une imprudence pour qu'elle soit tenue sur tous ses biens.

Si le principe est certain, ses applications ne laissent pas parfois d'être assez délicates. On sait que Pothier définissait le délit civil : « un fait par lequel une personne, par dol ou malignité, cause du dommage ou quelque tort à un autre, » — et le quasi-délit : « un fait par lequel une personne, sans malignité mais par une imprudence qui n'est pas excusable, cause quelque tort à un autre. »

La loi de 1850 a fait une application de ces

principes en décidant que la femme qui a déclaré mensongèrement n'avoir pas fait de contrat, ne peut se prévaloir de l'incapacité résultant pour elle du régime dotal.

La femme mariée sous le régime dotal, qui est devenue commerçante depuis son mariage et a négligé de remplir les prescriptions de l'art. 69 du Code du commerce ne peut invoquer l'inaliénabilité contre les créanciers qui ont ignoré sa situation particulière. (Cass. 1861.)

La ruine d'une maison appartenant à la femme ayant entraîné des accidents ou causé préjudice aux propriétés riveraines, la réparation du dommage sera poursuivie sur le fonds dotal, sauf recours contre le mari si c'est par sa négligence qu'est arrivée la ruine de la maison.

Il a été jugé récemment que la femme séparée de corps, qui détient les enfants issus du mariage malgré les prescriptions du jugement de séparation, l'obligeant à les remettre aux mains du père, commet un quasi-délit. Et si une sanction pécuniaire est édictée contre elle, sous forme de dommages-intérêts dus pour chaque jour de retard dans l'exécution de son obligation, la saisie de l'immeuble dotal pourra avoir lieu pour le paiement de cette indemnité. Aux yeux de la cour d'Orléans (arrêt du 26 décembre 1878) réformant un jugement du tribunal de Blois, la résistance passive à une décision de justice constitue bien un quasi-délit, parce que la volonté du créancier est restée étrangère à sa créance, et là serait la pierre de touche du quasi-délit.

On ne saurait assimiler la simulation au dol. C'est ainsi que l'art. 1307 déclare le mineur restituable même quand il a faussement pris la qualité de majeur. Ce serait là d'ailleurs un moyen détourné d'aliénation très dangereux pour la dot.

Quasi-contrats.

En ce qui touche les quasi-contrats, la question devient plus délicate. On a dit : le quasi-contrat étant un acte purement volontaire ne pourra s'exécuter sur les biens dotaux, et, par exemple, en cas de gestion des affaires de la femme par un tiers, celui-ci ne pourrait, en prouvant l'utilité de sa gestion se faire payer sur les biens dotaux les valeurs qu'il aurait déboursées.

Le quasi-contrat est un fait volontaire et licite, obligeant celui qui l'a accompli, et quelquefois même un tiers, mais sans qu'il y ait convention. C'est la loi qui fait naître les obligations des deux parties ou de l'une d'elles, soit par un motif d'équité, soit en vue de l'utilité des parties. Il n'y a pas consentement réciproque, donc il n'y a pas convention. Mais comme il y a là un acte volontaire, d'un côté, il faut que cette volonté réunisse les conditions requises pour que la loi lui attribue des effets. Il faut qu'elle émane d'une personne capable, pour produire l'obligation de cette personne. Pour l'autre partie, que la loi oblige par une raison d'équité ou d'utilité, nous ne voyons pas qu'il y ait lieu de s'inquiéter de sa capacité.

De cette doctrine, admise généralement, nous allons déduire des conséquences opposées au système que nous énoncions d'abord. Nous devons faire une distinction. Le fait engendrant le quasi-contrat émane-t-il de la femme — ou émane-t-il d'un tiers?

Quand le fait émane de la femme, le quasi-contrat n'obligera pas les biens dotaux. Il semble évident en effet qu'un incapable ne peut par un acte de volonté se créer des obligations. Quand une femme mariée, agissant sans autorisation, accomplit un acte d'où résulte un quasi-contrat, on admet (malgré quelques dissidences), suivant la doctrine de Pothier, qu'elle n'a pu s'obliger. Or pour nous la femme dotale est incapable de s'obliger sur ses biens dotaux, et nous n'admettrons pas plus une obligation indirecte qu'un engagement conventionnel.

Si au contraire l'acte qui engendre des obligations n'est pas accompli par la femme, nous admettrions qu'elle soit engagée sur sa dot. Pourquoi est-elle incapable? Parce qu'on craint l'influence du mari sur sa volonté, parce qu'on craint qu'elle ne consente sa ruine. Sa volonté n'est pas intervenue, dans notre hypothèse, aucune influence fâcheuse n'a pu s'exercer, nous la tiendrons pour obligée.

La femme accepte purement et simplement une succession notoirement obérée. C'est un quasi-contrat. Admettrons-nous les créanciers de la succession à se faire payer sur les biens dotaux de la femme, quand ils auront épuisé la succession? Evidemment non : les obligations qu'engendre une acceptation pure et simple de succession sont la conséquence directe de la volonté exprimée par la femme, et ne peuvent influer sur sa dot. C'est un point qui, d'ailleurs, ne fait pas doute dans la jurisprudence.

Du reste, quand une femme s'est constitué en dot tous biens présents et à venir, elle ne recueille les successions qu'après déduction des dettes. Le contrat de mariage de l'héritière du débiteur est, pour les créanciers, un fait étranger, qui ne peut les priver de leur droit de gage.

Une femme s'est mariée sous le régime dotal avec constitution de tous biens présents et à venir. Son père lui prête une somme d'argent. Lorsqu'elle sera appelée à lui succéder, devra-t-elle (nous supposons plusieurs héritiers) rapporter à la succession la somme qu'elle avait reçue à titre de prêt? Il est certain qu'ayant reçu une pure libéralité elle en devrait le rapport. Mais ici la question se trouve compliquée par l'idée que la femme va se trouver débitrice en vertu d'une obligation contractée pendant le mariage, d'un emprunt qui peut avoir tourné au profit du mari. Cette valeur va en définitive se trouver payée en biens dotaux, la femme verra diminuer l'accroissement de dot provenant de la succession de son père. Ce sont là de graves raisons sans doute, mais nous pensons qu'ici le principe d'égalité des partages doit l'emporter. La femme ne peut être mieux traitée que si son père lui avait donné la somme qu'il lui a prêtée. Nous croyons que le rapport pourra être exigé.

Autre hypothèse voisine de celle-ci. La femme s'était solidairement engagée avec son mari par un emprunt qu'ils avaient fait. Le père de la femme acquitte cette dette; quand la fille viendra à la succession de son père, pourra-t-elle alléguer que la dette n'obligeait pas sa dot? Qu'elle ne s'est pas trouvée enrichie par le paiement qu'a fait son père; et aura-t-elle le droit de refuser le rapport? Je ne le pense pas. Ici, on prive peut-être cette femme d'une occasion de s'enrichir; mais, d'après les principes admis, cette dette était valable en elle-même, quoique non exécutable sur la dot. Il y avait au moins une obligation naturelle, et en l'éteignant, le père a rendu service à la femme dotale. Il nous semble juste, cette fois encore, d'obliger la femme au rapport.

En vertu de nos principes, nous devons admettre que la gestion d'affaires entreprise par la femme ne l'oblige pas. Mais, quand un tiers gère utilement les affaires d'une femme dotale, celle-ci ne sera-t-elle pas obligée ? Non, répond-on généralement. Nous ne suivrons pas ce système. On ne peut craindre ici une faiblesse de volonté de la femme, puisqu'elle est obligée en dehors de sa volonté, par la loi même. Les tribunaux pourront sans doute se montrer plus sévères en pareil cas dans l'appréciation de l'utilité de la gestion, avant d'autoriser le gérant à se faire payer sur la dot. Mais nous croyons devoir maintenir le principe de l'obligation de la femme.

Le mari ayant reçu en dot un terrain inculte, le défriche, l'ensemence, fait élever quelques constructions indispensables à l'exploitation. Aura-t-il le droit de réclamer, même sur la dot, le remboursement de ses dépenses utiles, au moins jusqu'à concurence de la plus-value qui en est résultée pour le fonds dotal ? Sans doute ici, la volonté de la femme n'est pas intervenue, mais l'acte qui l'obligerait émane du mari, dont on redoute tant l'influence. Il est aussi à remarquer que la femme ne pourrait obtenir de la justice une autorisation d'aliéner pour faire des améliorations à son fonds. — En sens contraire, on allègue une différence notable entre l'espèce que nous avons donnée et le cas où une femme voudrait aliéner son fonds pour en améliorer un autre. Dans cette dernière hypothèse, la spéculation peut être mauvaise, et la dépense excéder la plus-value, ce qui n'est pas ici : on est sûr, dans notre espèce, que la femme est en bénéfice. Enfin, l'inaliénabilité de la dot a pour but de garantir la femme contre une perte, et non pas de l'enrichir au détriment d'autrui.

A cette doctrine, on peut faire une objection. L'usufruitier n'a aucun droit pour les améliorations qu'il a pu apporter à la chose dont il a l'usufruit (art. 599). Donc, dit-on, le mari, usufruitier de la dot, n'a rien à réclamer. — Je crois qu'on peut écarter cette objection. Le mari n'est pas un usufruitier véritable. Il faut tenir compte de ses devoirs d'administrateur, qui peuvent légitimement lui permettre de faire des améliorations sur le fonds dotal, et il nous paraît dangereux de ne pas lui laisser l'espoir de recouvrer au moins la plus-value qu'il aura donnée au bien dotal (si elle ne dépasse pas la dépense).

La jurisprudence a plusieurs fois admis que cette plus-value pouvait se compenser avec les reprises mobilières de la femme, ou contre le prix d'un immeuble aliénable sous condition de remploi. (Caen, 1851 et 1856.) Mais d'autres arrêts ont prononcé en sens contraire, dans des espèces, d'ailleurs, où on ne pouvait dire qu'il y eût des améliorations ; il s'agissait d'une usine construite dans une prairie.

Quand une femme dotale reçoit un paiement qui ne lui était pas dû, y a-t-il quasi-contrat l'obligeant aux suites régulières d'une action en répétition de l'indû? Oui, incontestablement, quand elle était de mauvaise foi, parce qu'alors elle est coupable d'un quasi-délit. La question est plus délicate quand elle a été de bonne foi. Peut-on dire qu'en acceptant le paiement elle se trouve obligée sans sa volonté? Peut-on pour ce motif, permettre la répétition sur le bien dotal? Je crois préférable de n'admettre cette poursuite que dans la mesure de l'enrichissement de la femme. C'est la solution admise en cas de paiement fait à un incapable d'une dette inexistante. Si nous considérons la femme dotale comme incapable d'obliger sa dot, il semble qu'on peut lui appliquer cette solution : eu égard à son imprudence, celui qui a payé ne pourra prétendre injuste cette décision.

Si la femme dotale se trouve, comme demanderesse ou défenderesse, partie dans un procès, la condamnation aux dépens et les frais dus à l'avoué pourront-ils être poursuivis sur les biens dotaux?

Quant aux dépens, s'ils ont été prononcés à titre de dommages-intérêts, ils pourront être payés avec la dot. L'exercice abusif d'une action judiciaire, ou une résistance opposée par un pur esprit de chicane à une poursuite, peuvent être assimilés à un quasi-délit. Il y a là, chez la femme une malveillance et une mauvaise foi évidentes : la solution n'est pas douteuse.

Si le procès a été soutenu de bonne foi par la femme, si elle avait des motifs plausibles, la conservation de sa dot par exemple, faudra-t-il encore permettre l'aliénation de la dot pour payer les dépens auxquels la femme a pu être condamnée?

Oui, a-t-on dit : car engager les biens dotaux pour l'exécution d'une obligation qui n'est que la conséquence d'une bonne gestion, ce n'est pas violer la loi. Il faut éviter de causer aux tiers un préjudice inévitable pour eux dans toute autre solution. Ils n'ont commis aucune imprudence ou négligence et force leur était de faire valoir des droits qui ont été reconnus valables.

Un arrêt de la Cour de cassation, du 19 mars 1849, a jugé en sens contraire, n'autorisant l'aliénation du fonds dotal pour paiement des dépens qu'au cas de quasi-délit. On ne s'inquiète pas, sous le régime dotal, de l'intérêt des tiers. Ce n'est pas là la seule hypothèse où la situation particulière de la femme peut leur causer un préjudice, en dépit de leur parfaite bonne foi.

Nous croyons devoir préférer cette opinion. D'après la distinction que nous avons établie plus haut, les quasi-contrats ne peuvent obliger la femme quand sa volonté n'est pas restée étrangère à ce quasi-contrat. En acceptant ou intentant le procès, la femme se trouverait obligée, par son consentement, ce que la loi ne veut pas. La rigueur de cette décision pour les tiers sera tempérée par l'appréciation sévère que les tribunaux feront de la bonne foi de la femme.

L'avoué qui a occupé pour la femme peut-il pousuivre sur les biens dotaux le paiement de ses frais et avances ?

En principe, il doit s'imputer d'avoir fait ces

avances sans sûretés suffisantes, et on ne peut lui reconnaître d'action sur la dot. Mais l'application pure et simple de cette doctrine aurait des conséquences rigoureuses pour la femme. Dans les cas les plus nécessaires, elle ne pourrait trouver qui voulût se charger de son procès. Il semble d'ailleurs impossible que l'on demande à la justice, en se fondant sur l'art. 1558, l'autorisation d'engager les biens dotaux pour soutenir un procès, dont la nécessité ou l'opportunité ne peut être appréciée sans un examen du fond préjugeant la décision définitive. Il a paru qu'il était dans l'intérêt bien entendu de la femme d'admettre dans une certaine mesure, son avoué à poursuivre ses avances sur les biens dotaux. Et il a été décidé que cette poursuite doit être autorisée quand le procès a eu pour objet et pour résultat la conservation de la dot. Notamment quand il y a eu demande en séparation de biens, accueillie, la dot sera tenue de l'acquittement des frais et honoraires. On prend pour base de cette solution une sorte de *versio in rem*.

Nous adopterons cette solution. Sans doute la rigueur des principes voudrait que la femme, se trouvant obligée en vertu d'un acte volontaire, ne fût pas obligée sur sa dot. Mais il semble impossible qu'ici on n'admette pas une exception. Du reste, en limitant cette obligation au profit obtenu par la femme, on ne mettra point ses intérêts en péril.

Remarquons que ces questions se posent uniquement quand la femme était partie nécessaire au procès. C'est d'ordinaire le mari (art. 1549) qui exerce les actions dotales. C'est seulement quand l'intervention de la femme sera nécessaire qu'il pourra être question de poursuites sur la dot pour les dépens ou les frais, ou pour des procès soutenus par la femme après séparation.

Dans les cas exceptionnels où nous avons reconnu aux créanciers de la femme le droit de poursuite sur le fonds dotal, ces poursuites seront-elles exercées sur la nue propriété seulement, ou sur la pleine propriété ?

Quand l'aliénation a lieu à cause d'un délit ou crime de la femme, il est admis qu'elle ne porte que sur la nue propriété de la dot. L'ancien droit l'avait ainsi décidé (à l'exception toutefois de la coutume de Normandie), après le droit romain. Cette solution peut, aujourd'hui, s'appuyer sur un argument d'analogie : l'art. 1424 décide, sous le régime de communauté, que les condamnations prononcées contre la femme ne s'exécutent que sur la nue propriété de ses propres. Le droit de la communauté est donc respecté. Il paraît juste, sous le régime dotal, que les méfaits de la femme ne viennent pas enlever au mari son droit de jouissance. Sans doute, ainsi qu'on l'a fait remarquer, il sera fort désavantageux pour le créancier de ne pouvoir saisir qu'une nue propriété. Mais, d'autre part, la jouissance des biens dotaux n'appartenant plus à la femme, comment pourrait-elle par ses délits la faire perdre au mari?

D'ailleurs, il a été jugé avec raison que les dommages-intérêts prononcés contre le mari et la femme solidairement, au cas de connivence ou complicité du mari, peuvent s'exécuter sur la pleine propriété des biens.

Si maintenant nous supposons un délit civil ou un quasi-délit, nous appliquerons la même distinction. Si le mari a été complice de la femme, la pleine propriété de la dot pourra être saisie : par exemple si les deux époux ont conjointement employé des manœuvres frauduleuses pour tromper un acquéreur sur la condition d'un bien dotal vendu comme libre. L'autorisation maritale donnée par le mari à l'acte de la femme peut ainsi entraîner sa condamnation pour connivence avec elle dans le quasi-délit dont elle est reconnue coupable.

En matière de dépens, la dot ne pourra jamais se trouver engagée pour la pleine propriété quand le mari avait refusé d'autoriser sa femme à plaider. Le plus souvent d'ailleurs, le mari ayant l'exercice des actions dotales et l'ayant seul, le procès aura été soutenu par lui, et on devrait admettre la saisie de la pleine propriété des biens dotaux, dans les cas que nous avons indiqués.

CHAPITRE III

SANCTION DE L'INALIÉNABILITÉ. — DE L'ACTION EN NULLITÉ.

Aux termes de l'art. 1560 : « Si hors les cas d'exception qui viennent d'être expliqués, la femme ou le mari, ou tous les deux conjointement, aliènent le fonds dotal, la femme ou ses héritiers pourront faire révoquer l'aliénation après la dissolution du mariage, sans qu'on puisse leur opposer aucune prescription pendant sa durée. La femme aura le même droit après la séparation de biens. — Le mari lui-même pourra faire révoquer l'aliénation pendant le mariage, en demeurant néanmoins sujet aux dommages et intérêts de l'acheteur, s'il n'a pas déclaré dans le contrat que le bien vendu était dotal. »

La prohibition d'aliéner le fonds dotal a donc pour sanction la nullité des aliénations ou des engagements contractés sur ce fonds. On s'est demandé à ce propos quelle était la nature du vice que renfermait l'aliénation de la dot.

Quelques auteurs étaient partis du principe que l'inaliénabilité est édictée dans un but d'intérêt général ; et ils en concluaient que la vente du bien dotal était radicalement nulle, et que les conventions accessoires, les sûretés données en garantie de l'exécution de la vente, étaient nulles aussi.

Cette doctrine est condamnée par la lecture des travaux préparatoires du Code. A la demande du Tribunat, on supprima dans notre article les expressions : « la vente sera radicalement nulle. » Car, disait le Tribunat, l'effet de la nullité consiste dans la faculté de faire révoquer l'aliénation. (Locré, XIII.) D'ailleurs, le seul but de l'inaliénabilité, c'est d'assurer la conservation de la dot, c'est d'empêcher que des actes consentis pendant le mariage puissent compromettre les intérêts de la femme : la vente d'un bien dotal n'a en soi rien d'illicite. Aussi admet-on que la nullité n'est que relative.

Pour nous, cette doctrine se déduit nécessairement du principe adopté, que l'inaliénabilité est une restriction de la capacité de la femme. Ceux-là seuls qui sont incapables peuvent se prévaloir de la nullité. Du reste, nous voyons que l'art. 1560 n'accorde l'action en nullité qu'à la femme et à ses représentants.

Cette première question tranchée, on en tire des conséquences, que nous examinerons séparément, quant à la valeur des obligations de garantie, à la possibilité de ratifier l'aliénation, à la prescription de l'action en nullité.

L'action en révocation pourra être exercée toutes les fois qu'il y aura eu (hors les cas d'exception posés par la loi) aliénation du fonds dotal.

Et par aliénation nous entendons la constitution d'hypothèque et d'autres droits réels, aussi bien qu'une transmission de propriété. — Il y a des hypothèses où un tribunal peut autoriser l'aliénation du fonds dotal. S'il rattachait à l'un de ces cas une autorisation d'aliéner, il a été décidé qu'on ne pourrait remettre cette autorisation en question, en attaquant plus tard l'aliénation sous prétexte que le tribunal aurait commis une erreur de fait ou de droit. — L'aliénation pourrait être révoquée au contraire si l'autorisation avait été donnée en dehors des cas prévus par l'art. 1558.

SECTION I

NATURE DE L'ACTION EN NULLITÉ

La nullité de l'aliénation du fonds dotal peut provenir de causes diverses. On pourrait supposer une vente faite par le mari seul, une vente faite par le mari et la femme conjointement, une vente faite par la femme seule, sans le concours du mari.

Quand l'aliénation a été consentie par le mari seul, à titre de propriétaire, il y a évidemment là une vente de la chose d'autrui, déclarée nulle par l'art. 1599. Les principes ne sont pas douteux en pareil cas ; la femme étant restée étrangère à l'aliénation ne pourra se la voir opposer : elle est demeurée propriétaire, et pourra revendiquer contre l'acquéreur. Celui-ci ne pourrait opposer qu'une prescription acquisitive.

Cette doctrine est vivement attaquée. On soutient que l'art. 1560 n'établit dans tous les cas qu'une nullité relative, régie par les principes de l'art. 1304, et notamment susceptible de se prescrire par un délai de 10 ans. Voici une des conséquences de cette solution : le mari constitue sur le fonds dotal une servitude de ne pas bâtir. Après la dissolution du mariage, le voisin, propriétaire du fonds dominant, n'a qu'à rester dans l'inaction : et si dans un délai de 10 ans la femme n'a pas fait sur son fonds d'acte contraire à la servitude, si elle n'en a pas provoqué la nullité, même lorsqu'elle en ignorait l'existence, après ces dix ans le voisin n'aura plus à craindre l'action de la femme.

On justifie cette décision en montrant la généralité des expressions de l'art. 1560. Il a, dit-on, pleinement réglé cette matière, et comme on est sous un régime exceptionnel, ce n'est pas par les principes généraux qu'il faut se guider, mais par les règles posées dans les textes spéciaux.

Nous ne suivrons pas ce système. Dans tous les cas, l'art. 1560 permet la révocation de l'aliénation, mais ce n'est pas dire que cette révocation devra, dans tous les cas, être demandée par une seule et même action. Nous pourrions tirer argument des expressions générales du texte. Révoquer une aliénation n'est pas agir en nullité ou en rescision, c'est se prévaloir de tous les moyens qui peuvent faire rentrer dans le patrimoine un bien qui n'aurait pas dû en sortir. Les termes de la loi sont assez larges pour embrasser en même temps l'action en nullité fondée sur l'art. 1599 et l'action en nullité de l'art. 1304. La nature de l'action à exercer, la durée et le point de départ de la prescription qui peut lui être opposée, sont des questions laissées de côté par le texte. Il se borne à constater l'existence du droit à la révocation. Il a réglé l'exercice de ce droit en permettant de l'exercer sans tenir compte de la maxime *quem de evictione tenet actio, eumdem agentem repellit exceptio*. Il ne contient pas de dérogation aux principes généraux sur la vente de la chose d'autrui, ce n'est pas pour cette espèce que la nullité est simplement relative.

Donc nous admettrons ici l'application de l'article 1599. L'acheteur pourra attaquer la vente. Le mari également aura le droit d'agir en nullité, ou plutôt de revendiquer l'immeuble, en vertu des pouvoirs que lui confère l'art. 1549, et agissant au nom de la femme. Cette qualité de représentant légal de la femme lui permettra de revendiquer bien que soumis personnellement à l'obligation de garantie.

Du reste, non-seulement le mari a le droit d'agir en pareil cas; mais c'est pour lui un devoir, et la femme pourrait demander la séparation de biens en se fondant sur le péril résultant pour sa dot de l'inaction du mari. Bien que le fonds ne puisse être prescrit pendant le mariage, l'acquéreur pourrait y faire des dégradations ou modifications dangereuses pour l'intérêt de la femme.

On peut examiner une autre espèce. On peut concevoir que le mari, seul encore, ait vendu le fonds dotal, en le présentant comme bien de sa femme, et en prétendant agir en vertu de ses pouvoirs de mandataire légal. Peu importe d'ailleurs qu'il ait ou non révélé la dotalité, c'est un fait qui n'aura d'influence que pour la fixation des dommages-intérêts dus à l'acquéreur en cas d'éviction. On peut en pareil cas se poser cette double question : l'acquéreur sera-t-il admis à se prévaloir de la nullité de la vente? Cette vente est-elle opposable à la femme en ce sens qu'elle devrait agir en nullité pour recouvrer son bien, — ou aura-t-elle une action en revendication?

Evidemment le mari a ici disposé de la chose d'autrui. Mais il faut bien remarquer que l'acquéreur a su qu'il achetait un bien dont le mari n'était pas propriétaire. Qu'il ait ou non ignoré la dotalité, qu'il ait cru acheter un bien paraphernal, il a su n'acquérir qu'un bien de femme, vendu par le mari seul. Dans ces circonstances, il nous paraît absolument impossible de voir dans l'acte qu'il a fait un contrat de vente, donnant lieu à l'application de l'art. 1599; ce sera plutôt là un contrat innommé par lequel le mari s'engage à obtenir de sa femme une vente véritable. Mais quant à permettre plus tard à l'acquéreur de dire : l'acte que j'ai consenti n'est pas valable à mon égard, ma situation est intolérable par la menace perpétuelle d'éviction qui pèse sur moi, — cela me paraît encore une fois impossible ; cette situation vient d'un libre consentement de l'acquéreur. Il ne pourra exercer d'action en nullité.

On objecte l'art. 1599 d'après lequel la vente de la chose d'autrui peut être annulée à la demande de l'acquéreur, sans qu'on puisse, aux termes de la loi, distinguer si la qualité de *res aliena* était connue ou ignorée de lui, cette circonstance n'ayant d'effet que pour l'évaluation des dommages et intérêts qu'il pourra réclamer.

C'est là sans doute un sérieux argument, et toutefois, nous croyons qu'il faut le repousser, à cause de l'espèce de mauvaise foi qu'il y aurait de la part de l'acheteur à attaquer la vente. Nous ne voyons pas bien quel motif sérieux il pourrait invoquer. L'ancien droit d'ailleurs donnait une solution analogue, et, d'après Roussilhe, l'acquéreur ayant reconnu qu'il achetait un fonds dotal ne peut revenir contre, il faut qu'il attende les évènements. La discussion qui eut lieu au Conseil d'Etat et au Tribunat prouve évidemment que la vente du fonds dotal ne donne lieu qu'à une nullité relative.

Nous ne donnons donc pas d'action à l'acquéreur pour faire résoudre la vente. Mais cette vente sera-t-elle opposable à la femme ? Quand elle voudra recouvrer son immeuble, devra-t-elle exercer une action en nullité, ou simplement revendiquer? Nous croyons qu'elle pourra revendiquer. En effet, on ne peut dire qu'elle ait été représentée dans l'acte de vente. Le mari sans doute est son représentant légal, mais à la condition de se tenir dans les limites qui lui sont fixées par son mandat. C'est un principe incontestable que le mandataire qui excède ses pouvoirs ne peut plus engager le mandant : les actes qu'il fait sont, à l'égard de celui-ci, *res inter alios acta*. — On a invoqué contre cette décision, les souvenirs de l'ancien droit qui regardait le mari comme maître de la dot : il peut aussi paraître singulier qu'un même acte, nul à l'égard de la femme, ne puisse être annulé à la demande de l'acquéreur. Mais ces solutions ne nous semblent pas inconciliables : l'acte est nul pour la femme, parce qu'elle n'a pas été représentée : l'acheteur ne peut se prévaloir de la nullité, parce que l'acte qu'il a conclu ne pourrait s'expliquer, s'il pouvait en provoquer l'aliénation pour échapper aux conséquences d'une situation qu'il a prévue et acceptée. — Quant à la nature de la prescription qui pourrait être opposée à la femme, nous verrons plus loin quelle elle est.

Du reste, si l'acheteur n'a pas payé son prix, il sera en droit de refuser de le payer jusqu'à ce que la femme ait ratifié l'acte consenti par le mari. Cet acte, jusqu'à la ratification, est sous le coup de deux nullités : l'une, venant de ce que le mari a excédé ses pouvoirs; c'est celle-ci que fera disparaître une ratification par la femme. — L'autre, venant de l'art. 1554, et du caractère dotal du fonds aliéné. Cette seconde nullité ne disparaît pas par la ratification de la femme, si, comme nous le supposons, le consentement de la femme est exprimé pendant que le mariage dure encore.

Quand la femme seule a aliéné, l'acte est entaché d'une double nullité : il est attaquable comme ayant été fait par une femme non autorisée, et comme portant sur un bien qu'elle n'avait pas le pouvoir d'aliéner.

Enfin quand les deux époux conjointement ont vendu le fonds dotal, ils pourront encore faire révoquer l'aliénation. La vente est l'œuvre de la femme seule, en somme, puisque le mari ne pouvait intervenir que pour l'autoriser. Mais la femme étant incapable de vendre son bien dotal, le contrat est annulable dans son intérêt : l'action qui pourra être exercée est celle dont l'art. 1304 règle les conditions : elle se prescrit par 10 ans (prescription libératoire). Nous rechercherons plus loin le point de départ de cette prescription.

Si l'acquéreur n'a pas, en principe, dans cette hypothèse, le droit d'attaquer son contrat, il peut se trouver que des circonstances extérieures l'autorisent à en demander la résolution. Par exemple, les deux époux avaient employé des manœuvres dolosives pour persuader à l'acheteur qu'il s'agissait d'un bien paraphernal. L'acheteur, qui croyait avoir conclu un contrat parfaitement valable, et qui n'a fait qu'une acquisition résoluble, pourra demander la nullité du contrat, en se fondant sur le dol dont il a été victime.

SECTION II

EXERCICE DE L'ACTION EN NULLITÉ

Pendant la durée du mariage, c'est-à-dire jusqu'à la dissolution par la mort, ou jusqu'à la séparation de biens, l'action en révocation sera exercée par le mari, et par le mari seul. Car c'est lui seul qui a l'exercice des actions dotales. Un arrêt avait autorisé la femme à intenter avec l'autorisation du mari, même avant séparation de biens, l'action en nullité (Rouen, 1833). Cette opinion, restée isolée d'ailleurs, paraît contraire au texte de l'art. 1560, et au principe général posé par l'art. 1549.

Le mari peut donc exercer les actions en révocation jusqu'à la séparation de biens. On ne saurait se prévaloir des expressions de l'art. 1560 « le mari peut faire révoquer l'aliénation pendant le mariage » — pour l'autoriser à agir, concurremment avec la femme, quand une séparation de biens est intervenue. Les deux alinéas de l'article 1560 doivent être interprétés l'un par l'autre; si la femme reprend par la séparation l'exercice de ses actions, c'est qu'elle a repris la jouissance et l'administration de sa fortune. Le mari ne pouvant plus, dès lors, se présenter comme mandataire, ne peut plus exercer les actions de la femme.

On n'a pas à s'étonner de voir le mari exercer les actions en révocation, même quand il a vendu en son nom propre, ou quand il est tenu de garantie. C'est qu'il agit en nullité comme administrateur de la dot, comme chef de la famille. Il est tenu en son nom propre, et il agit pour le compte de sa femme.

Une autre conséquence de cette condition du mari, c'est que ses créanciers ne pourraient exercer à sa place l'action en révocation. La qualité au nom de laquelle il agit est incessible et incommunicable, s'il en est, et il n'y a pas là de droit personnel que les créanciers puissent exercer.

Après la dissolution du mariage ou la séparation de biens, la femme reprend l'exercice de ses actions, et seule alors elle peut demander la nullité. Si elle vient à mourir avant d'avoir pu faire valoir son droit, ses héritiers agiront comme elle aurait pu le faire.

On peut faire l'hypothèse suivante. Le mari et la femme meurent avant l'exercice de l'action en révocation, et laissent des enfants nés du mariage. Leur qualité d'héritiers du mari ne fait-elle pas obstacle à l'exercice du droit qu'ils tiennent de la femme? Une distinction a été proposée. Quand le mari est tenu de pleine garantie, ses héritiers en sont tenus aussi et ne peuvent demander la révocation de l'aliénation. Mais, comme nous le verrons plus loin, il peut n'y avoir pas garantie proprement dite, le mari n'étant obligé qu'à rendre le prix indûment perçu. En ce cas, l'acquéreur pourrait-il rejeter la demande des enfants en alléguant leur qualité d'héritiers du mari, qui les oblige à rendre le prix touché? Non : le droit de l'acquéreur n'est plus un droit à garantie, mais une sorte de *condictio indebiti.*

La femme ne pourrait être repoussée sous le prétexte qu'elle a consenti à la vente, et qu'elle doit garantie. On ne saurait alléguer non plus une promesse de garantie formelle. L'inaliénabilité de la dot deviendrait une protection illusoire s'il était possible de l'éluder par une promesse de garantie, équivalant à une renonciation anticipée au droit de révocation.

Les créanciers de la femme auraient-ils le droit, si elle n'exerçait pas son action en révocation, de l'exercer en sa place, en vertu de l'art. 1166? Pour les créanciers antérieurs au mariage, pour ceux qui, pendant le mariage, ont pu devenir créanciers en vertu de délits ou quasi-délits, la question est vivement discutée.

Lorsqu'il s'agit de créanciers hypothécaires la réponse n'est pas douteuse. Ils ont un droit personnel, un droit de suite, qui leur permet de faire vendre les biens dotaux pour se faire payer (article 1558). Ils n'ont pas à invoquer l'art. 1166, et peuvent, de leur chef, agir en révocation des aliénations.

S'agit-il de créanciers chirographaires, ceux-là sont obligés pour agir d'exercer les droits de leur débitrice (art. 1166). Ils viennent dire : les biens de la femme sont notre gage, le fonds aliéné indûment n'a pas cessé d'en faire partie, nous pouvons exiger qu'il soit remis aux mains de la femme, pour être ensuite vendu à notre profit. La jurisprudence n'admet pas ce système. Les créanciers ont suivi la foi de la femme, et si on leur donnait l'exercice de l'action en nullité, on leur concéderait par là même une sorte de droit de suite, qu'ils n'avaient pas par leur titre originaire. Le droit de la femme pour être un droit pécuniaire, lui vient d'une qualité toute particulière, sa qualité de femme dotale, dont les créanciers ne sauraient se prévaloir.

Ce système est repoussé par quelques auteurs; une distinction a été proposée. Comme il s'agit bien d'un droit pécuniaire, il n'y a pas de motifs pour en refuser l'exercice aux créanciers de la femme, d'autant plus que la femme, en restant dans l'inaction, arrive en fait à faire une libéralité avec les biens de ses créanciers. Si pourtant il paraissait qu'elle eût un intérêt de conscience à laisser subsister l'aliénation, si elle avait concouru à l'acte, par exemple, le tiers acquéreur étant évidemment de bonne foi, il y aurait injustice en pareil cas à faire rentrer les biens aliénés dans son patrimoine, on respecterait l'inaction de la femme et on n'autoriserait pas ses créanciers à invoquer l'art. 1166.

Que la dotalité existe dans l'intérêt de la femme, cela est certain. Mais il n'en est pas moins vrai que le droit de révocation est un droit pécuniaire, qu'il passe aux héritiers de la femme, qu'il peut être cédé par elle. La Cour de cassation a reconnu (arrêt de 1851), en admettant un créancier hypothécaire à poursuivre une révocation d'aliénation de dot, qu'il n'y avait pas là un de ces droits purement personnels dont l'exercice est interdit aux créanciers. Comment admettre qu'une obligation contractée légalement puisse devenir illusoire par l'effet d'un engagement illégal de la dot sur laquelle devait avoir lieu l'exécution? Les créanciers même chirographaires avaient le droit de saisir les biens dotaux pour se faire payer sur le prix. L'action en nullité, qui est dans le patrimoine, ne peut-elle leur appartenir? Si l'action de l'art. 1560 est fondée sur une incapacité de la femme, il n'en résulte pas qu'elle seule peut l'exercer : la grande majorité des auteurs admet que les créanciers peuvent au nom de leur débiteur exercer les actions en nullité ou rescision pour incapacité ou lésion, compétant à ce débiteur : sauf au défendeur à tirer du silence de l'incapable tel moyen qu'il croira convenable pour arguer d'une ratification tacite. En résumé, nous admettrions tous les créanciers chirographaires antérieurs au mariage, — tous ceux qui sont devenus valablement créanciers pendant le mariage, à faire révoquer l'aliénation du bien dotal.

Pour les créanciers postérieurs à la dissolution du mariage, nous les admettrions également à se prévaloir de l'annulabilité des aliénations. En effet, à défaut du bien même, nous considérons que l'action se trouve dans le patrimoine de la femme, et leur sert de gage.

Outre son action en nullité contre l'acquéreur, la femme peut recourir contre son mari, ou contre les héritiers du mari pour se faire indemniser du préjudice que lui cause l'aliénation du bien dotal. Cette action en indemnité ne pourrait d'ailleurs lui appartenir quand elle-même a concouru à l'aliénation, puisqu'en pareil cas c'est elle qui a vendu, le mari se bornant à donner une autorisation. Mais quand le mari, à titre de propriétaire ou en nom qualifié, a vendu le fonds dotal, la femme peut assurément se contenter d'agir contre lui, en vertu du principe général de responsabilité. Sans doute l'art. 1560 lui donne seulement le droit de faire révoquer l'aliénation; mais si cet article a réglé les conditions de l'exercice du droit de révocation, il n'en faut pas conclure qu'il défende à la femme de ratifier tacitement l'aliénation en se contentant de redemander au mari le prix qu'il avait reçu. Option très avantageuse à la femme puisque l'immeuble a pu, aux mains de l'acquéreur, perdre de sa valeur, subir des dégradations ou transformations, puisque l'acquéreur peut être devenu insolvable. — La créance contre le mari est garantie par l'hypothèque légale de la femme (art. 2135), qui pourra ainsi avoir un grand intérêt à se contenter du prix de vente.

Il y a une sorte de ratification tacite dans le fait d'agir ainsi contre le mari plutôt que contre l'acquéreur. Nous en concluons que, pendant le mariage, après la séparation de corps, la femme ne pourrait exercer définitivement ce droit d'option, et, dans les ordres ouverts contre son mari, se faire colloquer et payer le montant des reprises auxquelles elle a droit pour aliénation du fonds dotal. Elle pourrait seulement obtenir une collocation éventuelle, pour le cas où elle préférerait, à la dissolution du mariage, s'en tenir à la restitution du prix, cette attribution provisoire lui conservant son droit d'option. Et si, le mariage dissous, ou même avant, elle voulait réclamer son immeuble, elle abandonnerait sa collocation aux créanciers du mari en rang utile pour la recevoir.

SECTION III

EFFETS DE LA RÉVOCATION DE L'ALIÉNATION

§ 1. *Obligations de l'acheteur évincé.*

Par l'exercice de l'action en révocation, l'immeuble rentre au pouvoir de la femme ou du mari avec tous les accroissements qu'il a pu recevoir.

Pour les fruits perçus par l'acquéreur, il faudra, selon les principes généraux, distinguer s'il est de bonne ou de mauvaise foi (art. 549). S'il était de bonne foi, si le vice de son acquisition ne lui a été révélé que par la demande dirigée contre lui, il a légitimement gagné les fruits jusqu'au jour de la demande, et n'a point à les restituer qu'à partir de cette date. — L'acquéreur de mauvaise foi doit au contraire restituer tous les fruits qu'il a perçus depuis qu'il est en possession. Mais le droit exceptionnel qui domine ici doit nous faire introduire une distinction. Le mari a-t-il concouru à l'aliénation? Maître des fruits, il en a disposé en faveur de l'acquéreur, et celui-ci, malgré sa mauvaise foi, les a gagnés jusqu'au jour de la dissolution du mariage ou de la séparation de biens, en ce sens que, si l'action en révocation est intentée par la femme ou par ses héritiers, l'acquéreur ne devrait aucun compte des fruits qu'il a perçus jusqu'à la cessation de la jouissance du mari. — Mais, si l'action en révocation est intentée par le mari, l'acquéreur, selon le droit commun, devra les fruits depuis son entrée en jouissance; l'équité doit pourtant faire admettre ici une compensation entre ces fruits et les intérêts du prix payé au mari.

Si l'acquéreur a fait des dépenses sur le fonds dotal, on suivra les distinctions établies en l'article 555 : c'est-à-dire que, s'il était de bonne foi, il recevra le montant de la plus-value, ou des dépenses, au choix du propriétaire. — De mauvaise foi, il pourra recevoir le remboursement de ses dépenses, ou être condamné à enlever toutes ses constructions ou plantations. Mais en aucun cas l'acquéreur ne pourrait exercer lui-même ce choix, et enlever, le cas échéant, les améliorations qu'il a faites au fonds. Il doit le restituer tel qu'il est au jour de la demande.

L'acquéreur est responsable des détériorations ou perte de valeur que le fonds dotal a pu éprouver par son fait.

§ 2. *Droits de l'acheteur.*

L'acheteur condamné à restitution peut-il user du privilége de rétention jusqu'au remboursement du prix qu'il avait payé ou des dépenses utiles qu'il a faites de bonne foi?

Le droit de rétention est accordé généralement au possesseur de bonne foi, par une raison d'équité évidente. Mais dans l'espèce la Cour de cassation le refuse à l'acquéreur. Si le mari peut pendant le mariage faire révoquer l'aliénation, c'est qu'il y a ou qu'il peut y avoir pour la femme un intérêt pressant à recouvrer la dot. Accorder à l'acquéreur le droit de retenir l'immeuble tant qu'il n'est pas remboursé, aboutirait souvent, en fait, à confirmer l'aliénation. Si les époux réclament le bien aliéné, c'est très probablement parce que l'intérêt de la famille l'exige. L'acquéreur d'ailleurs a toujours quelque imprudence à se reprocher pour avoir traité avec une femme dotale. L'art. 1560 ne pose pas cette condition suspensive de l'action en révocation.

Cette décision a étéattaquée au nom des principes généraux. Nous croyons pourtant, avec une jurisprudence à peu près constante, que les règles particulières du régime dotal doivent la faire maintenir. Pour des dépenses simplement utiles, l'acquéreur pourrait, en usant du droit de rétention, forcer les époux à aliéner le bien dotal en dehors des cas où est permise l'aliénation.

Quant au remboursement des dépenses nécessaires, nous admettrions au contraire que l'acquéreur peut garder l'immeuble jusqu'à son désintéressement. En pareil cas, les époux auraient pu obtenir de la justice l'autorisation d'aliéner : l'acheteur ne pouvait pas ne pas faire ces travaux indispensables. Il nous paraît que les règles du régime dotal n'ont plus à intervenir ici, et que l'équité exige le remboursement préalable de l'acquéreur.

L'étendue des recours de l'acquéreur sera plus ou moins grande, selon qu'il s'adressera au mari ou à la femme. Au mari, l'acquéreur peut toujours réclamer la restitution du prix payé. A la femme, il ne peut demander que la valeur dont elle s'est enrichie. Cette décision s'impose nécessairement quand on tient la femme pour incapable.

En recevant le prix de son immeuble, elle n'a pas pu s'obliger à la restitution éventuelle : tout ce qu'on peut admettre, c'est une action *de in rem verso:* elle ne s'enrichira pas au détriment de l'acquéreur; mais elle pourrait se trouver en perte si on l'obligeait de restituer tout le prix, n'ayant profité que d'une partie.

Une autre différence entre les obligations du mari, et celles de la femme envers l'acheteur porte sur la garantie. La vente du bien dotal peut valablement être expressément garantie par un tiers ou par le mari. C'est une sorte d'engagement pris d'obtenir plus tard la ratification de la femme, ou de dédommager l'acquéreur. Nous croyons que la femme même peut également donner une garantie sur ses paraphernaux. Cette solution est beaucoup plus discutée que la précédente. On veut bien admettre que l'aliénation n'étant pas nulle, mais annulable dans l'intérêt de la femme, il y ait, dans la révocation, une exception personnelle (art. 2012) et que la vente renferme un lien naturel pouvant être garanti par un tiers. Mais quand la femme donne une garantie sur ses biens paraphernaux, et se soumet ainsi à une sorte de clause pénale, ne sera-t-elle pas, en fait, paralysée ou au moins fortement gênée, dans l'exercice de son action révocatoire? Si elle vient à demander la nullité des aliénations qu'elle a consenties, le contre-coup qui se fera sentir sur ses paraphernaux sera, dit-on, un obstacle au libre exercice de l'action, et la loi sera indirectement violée. On a même invoqué en faveur de cette opinion les arguments que présentait Justinien à l'appui de ses réformes : « Il faut que la femme soit absolument à l'abri de toute perte », et cela n'est plus, si ses paraphernaux sont affectés à l'exécution de ses obligations dotales.

Il nous semble qu'on doit écarter cette opinion, bonne sous l'empire du S. C. Velléien, mais qui n'est plus conforme aux principes de notre loi. La femme dotale n'est incapable qu'en ce qui touche ses biens dotaux. Ce sont ces biens, et ceux-là seulement, qu'elle ne peut aliéner ou obliger. Mais il ne faut pas étendre cette incapacité aux biens paraphernaux : il ne faut pas les faire profiter de la protection donnée à la femme pour une autre fraction de sa fortune, et restreindre ainsi le droit absolu qu'a la femme sur ces biens. C'est du reste la solution qui a été admise notamment par un arrêt de cassation du 4 juin 1851, suivi depuis par la jurisprudence.

En cas de garantie expresse, l'acquéreur a donc, selon nous, droits égaux contre le mari, ou contre la femme. Mais en l'absence de toute garantie, que décider ?

Aux termes de l'art. 1560, le mari devra des dommages-intérêts à l'acquéreur s'il n'a pas déclaré dans le contrat de vente que le bien était dotal. La stipulation de garantie n'est donc pas nécessaire pour engager la responsabilité du mari.

Que doit-on décider quand l'acte de vente ne porte pas la mention qu'il s'agit d'un bien dotal? On ne saurait en pareil cas, a-t-on dit, admettre le mari à prouver que l'acheteur connaissait la dotalité. L'art. 1560 exige une déclaration du mari; et cette phrase a été volontairement insérée dans l'article. Le projet portait seulement : le mari sera responsable si l'acheteur a ignoré le vice de l'achat. Sur l'observation du Tribunat, qu'il pourrait y avoir difficulté, et qu'il valait mieux que la preuve ne pût résulter que de l'acte d'acquisition, on modifia l'article qui devint ce que nous le voyons aujourd'hui.— On a fait remarquer, d'autre part, que la vente est un contrat de bonne foi, que l'acheteur ayant connu, d'une façon quelconque, la dotalité, ne peut se dire lésé et réclamer une indemnité. Nous serions porté à admettre ce système. En effet les observations du Tribunat semblent avoir eu surtout une portée doctrinale, et signifier que les tribunaux n'aient à admettre qu'avec circonspection la preuve offerte. (Locré, XIII, p. 259.) Si nous paraissons interpréter trop largement le texte, nous avons des exemples d'interprétations analogues incontestées. Ainsi, quand l'art. 1626 soumet le vendeur à garantie pour les charges *non déclarées* qui grèvent l'immeuble, tout le monde reconnaît qu'il s'agit des charges restées inconnues de l'acquéreur. — La responsabilité du mari est engagée soit qu'il ait vendu seul, soit qu'il ait simplement assisté la femme : il suffit de sa réticence qui a pu nuire à l'acquéreur.

La femme qui n'a fait qu'adhérer à la vente consentie par le mari n'est pas tenue de garantie pour n'avoir pas déclaré la dotalité du bien. On ne peut voir dans son silence le principe d'une obligation personnelle, et d'ailleurs on pourrait tirer un argument *a contrario* de l'art. 1560. — Notons bien qu'il ne saurait pour elle être question de garantie que sur ses paraphernaux.

La femme pourrait d'ailleurs être tenue de garantie, même sur sa dot, si elle s'était rendue coupable de quelque fraude ou dol.

SECTION IV

DES FINS DE NON-RECEVOIR OPPOSABLES A L'ACTION EN RÉVOCATION

Déjà nous avons dit que la maxime *quem de evictione tenet actio, eumdem agentem repellit exceptio*, ne pouvait s'appliquer en notre matière. Jamais l'acquéreur ne peut repousser le mari ou la femme, sous prétexte qu'ils sont tenus de l'obligation de garantie. Si la garantie pouvait avoir de tels effets, elle deviendrait une clause de style, et l'économie du régime dotal serait bouleversée.

Deux fins de non-recevoir seulement peuvent être opposées à l'action en révocation : une ratification, — une prescription.

Toute convention entachée d'un vice qui la rend non pas nulle dans l'intérêt de l'ordre public, mais annulable dans l'intérêt d'une partie, peut être confirmée. C'est-à-dire que la partie dans l'intérêt de laquelle est édictée la nullité peut renoncer à s'en prévaloir. La femme peut donc renoncer à l'action en nullité qui lui compète quand son immeuble dotal a été aliéné indûment. Nous avons en effet démontré qu'il n'y avait en pareil cas qu'une nullité relative, édictée dans l'intérêt de la femme, et fondée sur son incapacité particulière de femme dotale.

S'il s'agit de purger un vice du consentement, il faut que ce consentement ait été exprimé. Par conséquent, dans les cas où la vente a été faite par le mari seul, il ne pourrait y avoir lieu à une confirmation proprement dite. Cet acte est nul à l'égard de la femme, et ne peut être ratifié. — Que si le mari avait agi, non plus à titre de propriétaire, mais comme mari, nous croyons qu'il pourrait y avoir véritablement une confirmation. En effet aux termes de l'art. 1998, quand un mandataire a excédé ses pouvoirs, une ratification du mandant peut intervenir et valider l'acte. Il semble donc que la femme puisse ratifier en pareil cas.

La confirmation ne peut intervenir d'une façon valable tant que dure le mariage, même après une séparation de biens (arg. art. 1338). Pendant la durée du mariage la femme est incapable de donner un consentement obligeant sa dot, et ne saurait pas confirmer plus que vendre. — Comme elle peut disposer de sa dot par testament, elle pourrait de même confirmer une aliénation. — Une autre hypothèse peut encore être faite : la créance du prix du fonds dotal est par la femme dûment autorisée donnée à un enfant pour son établissement. En pareil cas, a-t-on dit, il y a là une confirmation valable : la femme aurait pu aliéner son immeuble pour établir cet enfant; elle n'a pas d'avantage à exercer l'action en nullité, puisque ayant profité du prix en l'employant à l'établissement de ses enfants, elle devrait la restituer à l'acquéreur. — Nous aurions pourtant des doutes sur l'exactitude de cette solution. L'immeuble peut avoir augmenté de valeur depuis la vente, et il est probable au moins que le prix, à cause du danger d'éviction, est le plus souvent en pareil cas inférieur à la valeur du fonds. La femme pourrait donc avoir un intérêt sérieux à attaquer la vente qu'elle a faite. Si pendant le mariage elle la ratifie tacitement en donnant à son enfant sa créance, ne sera-ce pas sous la même influence qui lui a fait consentir la vente?

La confirmation est tacite ou expresse. Expresse, elle doit rappeler la substance de l'obligation annulable, mentionner le vice de cette obligation, et porter renonciation à cette nullité (art. 1338).

La ratification tacite résulte de faits quelconques prouvant l'intention de renoncer aux priviléges spéciaux du régime dotal. Il serait difficile de poser des règles précises, et il n'y aura là que des questions de fait. Ainsi on a pu voir une ratification dans le fait par la femme de s'être fait colloquer, après dissolution du mariage, dans l'ordre ouvert sur les biens du mari, pour le prix de vente du fonds dotal; — dans la délivrance volontaire de l'immeuble; — dans la réception du prix d'aliénation, ou des intérêts du prix. — Pour cette dernière hypothèse, des circonstances particulières ont obligé les tribunaux à déclarer parfois que la réception des intérêts n'emportait pas confirmation. En résumé la question revient à ceci : les faits allégués, quels qu'ils soient, impliquent-ils connaissance très probable des vices du contrat, et volonté de les couvrir ?

La nullité des aliénations peut aussi être couverte par la prescription, ainsi que nous le verrons ci-dessous.

SECTION V

DE L'IMPRESCRIPTIBILITÉ DU FONDS DOTAL. — DE LA PRESCRIPTION DE L'ACTION RÉVOCATOIRE DE L'ALIÉNATION

La conservation de la dot exige l'imprescriptibilité du fonds dotal. On ne peut laisser au mari une possibilité d'aliéner ainsi indirectement l'immeuble.

Si les fonds dotaux étaient rigoureusement hors du commerce, leur imprescriptibilité serait la conséquence du principe posé par l'art. 2226 — que les choses hors du commerce ne peuvent être prescrites. — Mais ce que le Code a établi, c'est plutôt une sorte de suspension de la prescription; le législateur craint que pendant son mariage la femme ne perde ses droits par une aliénation; il ne veut pas qu'en constituant, pendant le mariage, un tiers possesseur du fonds dotal, elle puisse laisser ce fonds se perdre par une prescription accomplie au cours du mariage.

L'art. 1561, qui contient les règles sur ce point, s'exprime ainsi : « Les immeubles dotaux non déclarés aliénables par contrat de mariage sont imprescriptibles pendant le mariage, à moins que la prescription n'ait commencé auparavant. — Ils deviennent néanmoins prescriptibles après la séparation de biens, quelle que soit l'époque à laquelle la prescription a commencé. »

Donc, quand la prescription a commencé à courir avant le mariage, elle peut se continuer pendant sa durée. La raison en est, selon nous, qu'on ne peut plus voir là un subterfuge des époux pour arriver à une aliénation défendue par le contrat de mariage.

On peut supposer plusieurs espèces où sera assez délicate l'application de cette exception à l'imprescriptibilité. Par exemple il s'agit d'une constitution en dot de biens à venir. Quand la femme recueille une succession, l'un des immeubles qui en dépendent est possédé par un tiers; cette possession n'a d'ailleurs commencé que depuis le mariage. Que déciderons-nous en pareil cas? Le possesseur possédait utilement pour prescrire, jusqu'au décès du vrai propriétaire. Faut-il décider que cette prescription est interrompue parce que l'immeuble passe dans le patrimoine d'une femme mariée sous le régime dotal? Nous ne le croyons pas : l'art. 1561 n'a point été fait pour cette hypothèse : comme sanction de l'inaliénabilité, on ne veut pas que les époux laissent les biens dotaux se perdre par prescription. Mais ici aucune fraude à la loi n'est possible. La possession n'était pas vicieuse dans le principe, nous pensons qu'elle peut continuer de courir utilement.

La possession avait-elle commencé avant le mariage, sans que la prescription courût, la femme étant alors mineure, que décider? L'article 2281 emploie les mêmes expressions « prescription commencée » que l'art. 1561 et tout le monde reconnaît que cette expression, dans l'article 2281, comprend les prescriptions qu'une cause quelconque de suspension empêche de courir. La cour de Grenoble, appliquant cette jurisprudence, a déclaré que dans l'art. 1561 ces expressions avaient même sens, et que la prescription qui ne pouvait courir pendant la minorité de la femme, court contre elle, dès qu'elle est majeure, malgré la dotalité. Nous croyons cette interprétation exacte. En pareil cas en effet aucune fraude ne nous paraît possible, et cette décision est ainsi dans l'esprit de la loi, si elle n'est rigoureusement conforme à son texte.

D'après l'art. 1561, l'imprescriptibilité ne s'applique qu'aux immeubles non déclarés aliénables par le contrat de mariage. Il faut que les immeubles soient purement et simplement déclarés aliénables. Si une clause imposait le remploi comme condition des aliénations, la prescription ne serait pas possible.

L'aliénabilité et l'imprescriptibilité ne sont pas liées pourtant l'une à l'autre, comme pourrait le faire croire la disposition précédente. En effet, l'inaliénabilité dure autant que le mariage, et l'imprescriptibilité cesse si une séparation de biens intervient. Sans doute, on a estimé que la femme, après avoir eu l'énergie de faire prononcer une séparation de biens pour sauver sa dot, sera assez soucieuse de ses intérêts pour qu'il ne soit pas à craindre qu'elle laisse un tiers acquérir par la prescription son fonds dotal. Notons qu'ici on ne s'inquiète pas de l'époque à laquelle a commencé la possession. On suppose que la femme saura agir quand même ce serait son mari qui, pendant le mariage, aurait mis le tiers en possession. — Toutefois, il y a là une anomalie. Les fonds n'ont-ils pas été déclarés imprescriptibles parce qu'ils sont inaliénables? Il faudrait donc faire durer l'imprescriptibilité autant que l'inaliénabilité. Mais on a fait remarquer, dans la discussion au Tribunat, qu'il ne serait pas utile d'accorder une telle faveur à la femme, après la preuve de fermeté qu'elle a donnée, et l'art. 1561 fut modifié par ce second paragraphe.

Ces principes posés, nous pouvons rechercher dans quelles conditions la prescription peut être opposée comme fin de non-recevoir aux actions que la femme intenterait pour recouvrer son immeuble dotal.

Quand le tiers possède en vertu d'un titre émané d'un autre que le mari ou la femme, pas de difficulté. L'action sera toujours une revendication, et c'est la prescription acquisitive qui pourra être opposée, prescription de 30 ans en principe, pouvant descendre à 20 ans ou à 10 ans, selon les dispositions de l'art. 2265.

Quand c'est le mari qui a vendu l'immeuble dotal, en se présentant comme propriétaire, nous avons admis qu'il y avait là un acte nul à l'égard de la femme, et qu'elle avait une action en revendication. Dans ce cas encore on lui opposerait une prescription acquisitive, comme dans l'hypothèse précédente.

Le mari a vendu le fonds dotal en nom qualifié : ici la question est plus compliquée. Nous avons admis qu'il n'y avait pas là de contrat opposable à la femme, et qu'elle pourrait revendiquer son immeuble. La prescription qui lui serait opposable est donc une prescription acquisitive. Mais il faut tenir compte d'un autre point de vue. Le mari était mandataire de la femme; sans doute, ayant outrepassé ses pouvoirs il ne l'a pas représentée dans cette vente, qui est nulle pour la femme indépendamment de la nullité provenant de la dotalité. Mais aux termes de l'article 1998 le mandant peut ratifier expressément ou tacitement l'acte dans lequel le mandataire a excédé ses pouvoirs. Nous serions donc disposé à admettre que le possesseur se prévalût, dans certaines hypothèses, de l'inaction de la femme après dissolution du mariage comme d'une confirmation tacite.

Quand la femme a sans autorisation vendu son fonds dotal, il y a encore deux nullités pour une : l'une résultant de l'inaliénabilité du fonds, l'autre de la non-autorisation. Toutes les deux se prescrivent par 10 ans. A dater de quel moment? Pour la nullité provenant de la dotalité, la question est controversée, comme nous le verrons plus bas. Mais pour celle qui résulte du défaut d'autorisation le point de départ est la dissolution du mariage (art. 1304).

Quand le possesseur tient l'immeuble *a non domino*, ou du mari qui s'est donné pour propriétaire, la prescription court du jour de la séparation de biens (sauf application de l'art. 2256 si l'action de la femme devait réagir contre le mari).

Quand le possesseur tient l'immeuble du mari, qui a traité comme mandataire de la femme, la prescription acquisitive court encore du jour de la séparation.

La prescription, quand il y a nullité pour défaut d'autorisation, court, avons-nous dit, du jour de la dissolution du mariage.

Reste la grosse question du point de départ de la prescription quand il y a proprement nullité provenant de la dotalité, c'est-à-dire quand la vente a été consentie par les deux époux. L'acte étant simplement annulable, la prescription est de dix ans. Ce point est généralement admis. Mais quel est le point de départ de cette prescription?

Dans un système que la jurisprudence a consacré à plusieurs reprises, on doit appliquer séparément les art. 1304, 1560, 1561, 2255. Selon l'article 1561, la prescription des immeubles dotaux commence à courir à dater de la séparation de biens. — Aucune prescription, dit l'art. 1560, ne peut pendant le mariage être opposée à l'action en nullité des époux. Ces deux articles paraissent contenir des dispositions contraires : eh bien! non. Quand le fonds dotal est possédé par un tiers qui l'occupe sans titre, ou qui le tient d'un autre que les époux, l'art. 1561 s'applique et la prescription peut courir dès la séparation.

— Mais quand il possède en vertu d'un acte où ont concouru le mari et la femme, l'art. 1560 est formel, la prescription ne court pas pendant le mariage, et l'action en nullité ne se prescrira pas à dater de la séparation de biens. Cette décision est d'ailleurs conforme aux principes de l'art. 1304.

Quand il y a une action en nullité, la prescription ne court que du jour où la ratification de l'obligation annulable est possible : cela ressort de tous les exemples de l'art. 1304. Or, ici, la femme ne devient capable de confirmer expressément l'aliénation que du jour où le mariage est dissous ; rien de plus naturel que de faire courir le délai de la prescription (qui n'est qu'une présomption de confirmation) du même jour. Quant à l'art. 2255, d'après lequel la prescription ne court pas, contre la femme dotale, pendant le mariage, conformément aux termes de l'art. 1561, faut-il en tirer argument contre ce système? Non ; sans doute, renvoyant à l'art. 1561, il semble dire que la prescription peut courir à dater de la séparation. Mais il y a une erreur matérielle dans le renvoi qu'indique cet article. Il ressort des travaux préparatoires que, en discutant ce renvoi, tous les membres visaient l'art. 1560. Seulement dans le projet du Code le numéro de chaque article n'étant que provisoire, quand il fallut codifier toutes les lois et donner un nouveau numéro à chaque texte, une erreur matérielle eut lieu, et l'art. 2255, au lieu de viser 1560 comme l'indiquait le projet adopté, se trouva viser 1561 par l'erreur de quelque secrétaire.

Ce système a été vivement attaqué. Le droit romain (C. V, 12, l. 30) avait admis la prescription des actions dotales à compter du jour où la femme reprenait l'exercice de ses droits. L'ancienne jurisprudence des pays de droit écrit avait appliqué ce principe au cas de séparation de biens, et admettait à dater de ce jour la prescription de l'action en nullité. — Dans le projet du Code, les immeubles étaient déclarés par l'art. 1561 imprescriptibles pendant le mariage : un membre du Tribunat fit remarquer que la femme reprenant par la séparation de corps l'exercice des actions dotales, ayant montré d'ailleurs en poursuivant sa séparation, qu'elle saurait exercer ses droits, il n'y avait aucun inconvénient à rendre l'action en nullité prescriptible après la séparation. On ajoute alors le 2e alinéa de l'art. 1561. Il eût fallu alors modifier l'art. 1560 : on ne l'a pas fait. Ce n'est pas lui d'ailleurs qui règle la matière de la prescription. L'art. 1560 est écrit pour dire à qui appartient l'action en nullité : — l'art. 1561 a pour but de poser les principes sur la prescription. — Cette explication a l'avantage de concorder avec l'art. 2255. L'erreur commise dans la désignation des articles par de nouveaux numéros n'est pas prouvée. Ce qu'il y a de plus sûr, c'est de s'en tenir au renvoi qu'il indique.

Reste l'argument tiré de l'art. 1304, et des principes en matière de ratification. On dit : l'action en nullité ne se prescrit que du jour où serait valable une ratification expresse. C'est là une formule trop absolue : on peut très bien soutenir, en se fondant sur ces mêmes exemples cités par l'art. 1304, que la prescription court dès que le demandeur en nullité est libre d'exercer son action. Et, partant de cette donnée, on voit que, la femme étant libre d'agir dès que la séparation de biens a été prononcée, l'action en nullité peut se prescrire à compter de cette date. Il est certain, dans la donnée même du système contraire, que la prescription acquisitive peut commencer à courir contre la femme à compter de la séparation. Donc il n'y a pas corrélation absolue entre l'impossibilité d'aliéner et l'impossibilité de prescrire. La femme séparée ne peut vendre son immeuble dotal, — mais elle peut le perdre en s'abstenant de le revendiquer, quand il est possédé par un tiers le tenant *a non domino.*

Si délicate que soit la question, il nous semble préférable de se prononcer en faveur de ce dernier système. La première explication, très ingénieuse, est obligée pour pouvoir appliquer tous les articles en question, de poser une distinction qui ne ressort pas évidemment des textes, entre l'action en nullité contre celui qui a acheté aux époux, et la revendication contre un possesseur *a non domino.* Quant à l'art. 2255, sa dernière disposition doit, dans le premier système, être corrigée sans que rien prouve la légitimité de cette correction. Aussi croyons-nous plus simple de nous en tenir au texte, et d'adopter le second système.

APPENDICE

STATUT QUI RÉGIT L'INALIÉNABILITÉ

Que décider quand des époux mariés sous le régime dotal, ont des biens à l'étranger, pour l'inaliénabilité de ces biens? Doit-on appliquer les règles du pays où sont situés les biens, — ou celles qu'indique la loi nationale des époux?

L'ancienne jurisprudence discutait déjà cette question, et la division était profonde entre les auteurs. Un grand nombre de décisions contradictoires étaient rendues, notamment par les Parlements de Paris et de Rouen, ce dernier soutenant que l'inaliénabilité était un statut réel. Un des auteurs qui ont exposé ces controverses, Froland, trouvant un grand nombre de motifs qui déterminaient à dire : c'est un statut personnel, une infinité de raisons prouvant au contraire qu'il était réel, et de sérieux arguments pour le déclarer mixte, concluait ainsi : « Pour moi, je vous avoue que je ne sçai où j'en suis, et que de quelque côté que je me tourne, je ne vois que des précipices et des écueils. » Il inclinait pourtant à y voir un statut personnel, malgré la tendance générale. Du reste, on pouvait invoquer alors, pour soutenir la réalité du statut, l'ordre public intéressé à la conservation des dots. Cette raison, s'ajoutant à l'utilité de protéger la femme, pouvait motiver les décisions du Parlement de Normandie. Aujourd'hui il ne saurait plus en être question.

On a soutenu dans la doctrine de l'indisponibilité que la loi de l'inaliénabilité appartenait au statut réel, puisqu'elle est établie en faveur de certains biens. La Cour de cassation a jugé en ce sens (février 1817). Il résulte de cette doctrine que la femme conserve la faculté de s'obliger sur les biens dotaux situés hors du territoire de ce statut, dans un pays où l'aliénation de la dot est permise. Par exemple, si une femme s'est mariée en France sous le régime dotal, et a des immeubles en Italie, où le Code permet l'aliénation du fonds dotal, cette femme pourra les obliger par des contrats qu'elle consentira pendant le mariage. A l'inverse, la femme italienne qui a des biens dotaux en France ne pourrait les obliger, quoiqu'elle soit capable de le faire pour les biens qu'elle possède en Italie. — S'agit-il de déterminer si l'immeuble que possède en France une femme étrangère a un caractère de dotalité, s'il est inaliénable, on consultera la loi française, et non la loi nationale des époux. (Ainsi jugé par la Cour de Paris et la Chambre civile sur pourvoi, en 1831 et 1833, aff. Hervas.)

Il y a toutefois des dissidences même parmi les partisans de l'indisponibilité. On a fait remarquer avec raison que ces décisions conduisent à violer l'intention des parties. Les époux sont libres, en général, de régler à leur guise leurs conventions matrimoniales. Ils peuvent déclarer leurs biens dotaux aliénables ou inaliénables. S'ils n'ont pas de contrat, le régime que leur loi leur impose étant l'expression présumée de leur volonté, on peut encore dire qu'ils ont entendu soumettre leurs biens dotaux à tel ou tel régime de leur choix. Dans ces conditions, dire que la femme italienne, qui a le droit d'aliéner ses immeubles en Italie, ne pourra aliéner ou engager ceux qu'elle possède en France, c'est manifestement se mettre en contradiction avec l'intention qu'elle a manifestée. L'art. 3 du Code, d'après lequel tous les immeubles en France sont régis par la loi française, n'est pas fait pour le cas où il s'agit d'interpréter la volonté des parties. Il y a là une fausse application de la loi.

A nos yeux, la question doit se résoudre en rejetant la doctrine du statut réel, et on peut donner d'autres motifs. La prohibition de l'art. 1554 est, à nos yeux, une règle d'incapacité. Les époux font à leur guise ce qu'on a appelé « la Charte du foyer domestique, » et se règlent sur la connaissance qu'ils ont de leurs aptitudes ou de leur faiblesse. On ne peut modifier arbitrairement ces conventions selon les législations des différents pays où les époux peuvent avoir des biens. La défiance que manifeste dans ses forces ou son intelligence la femme qui adopte le régime dotal, cesse-t-elle ou augmente-t-elle parce que son immeuble sera situé en deçà ou au delà d'une frontière? Nous avons dit que la femme dotale était, à nos yeux, frappée d'une sorte d'incapacité. Si donc il s'agit d'une question de capacité, la loi nationale des époux sera seule applicable, et déterminera quels biens sont dotaux, quelle est l'étendue de la protection dont jouit la femme. (Art. 3 *in fine*, et arg. de cet art.)

Si quelque doute subsistait encore, à cause de la doctrine suivie dans l'ancien droit, nous ferions remarquer que nos vieux auteurs, outre qu'ils arguaient du principe d'ordre public, ne considéraient pas tous les lois sur la capacité comme étant un statut personnel (V. Froland, *Mémoire sur les statuts II*, 21, 6 *passim*). Doctrine inadmissible aujourd'hui, et dont le rejet doit aussi faire repousser les conséquences qui en étaient tirées jadis.

POSITIONS

DROIT ROMAIN

I. — Le mari à toute époque est propriétaire de la dot.

II. — La loi Julia ne défend pas l'aliénation de la dot mobilière.

III. — La défense d'aliéner porte même sur les biens dont le mari n'a pas le *dominium*.

IV. — L'immeuble acquis des deniers dotaux par le mari seul n'est pas inaliénable.

V. — L'action en revendication du fonds dotal indûment aliéné est exercée par le mari.

VI. — Dans le droit classique l'emploi de la force n'est généralement pas admis pour l'exécution des restitutions ordonnées par le juge.

VII. — La défense d'hypothéquer le fonds dotal vient de la loi Julia.

DROIT FRANÇAIS

I. — L'inaliénabilité de la dot provient d'une sorte d'incapacité particulière de la femme.

II. — Le partage amiable des biens dotaux n'est pas prohibé.

III. — Les créanciers de la femme, si leur titre a une date certaine antérieure au mariage, peuvent saisir la pleine propriété des biens dotaux.

IV. — Ces mêmes créanciers peuvent exercer l'action en révocation des aliénations indûment faites.

V. — Pendant le mariage, s'il n'est pas intervenu de séparation de biens, le mari seul a l'exercice des actions dotales, et notamment des actions en révocation.

VI. — La femme peut, pour garantie de la vente d'un fonds dotal, engager ses paraphernaux.

VII. — L'étendue de l'inaliénabilité est fixée par les règles inscrites au contrat de mariage ou par la loi nationale des époux, sans avoir égard à la situation des biens, si ce n'est en ce qui touche à l'ordre public.

VIII. — L'action en nullité des aliénations indues

de la dot se prescrit à dater de la séparation de biens, hors les cas où la femme avait agi sans autorisation et où son action réfléchit contre le mari.

DROIT COMMERCIAL ET INDUSTRIEL

I. — La divulgation frauduleuse d'une invention la rend non brevetable.

II. — La femme commerçante est présumée agir dans l'intérêt de son commerce.

III. — Les obligations émises avec une prime de remboursement ne sont pas, au cas de faillite de la société qui les a émises, remboursables immédiatement à la valeur nominale.

DROIT PÉNAL

I. — L'individu condamné par les tribunaux de son pays pour un crime commis en France peut être poursuivi pour le même fait devant les tribunaux français.

II. — L'art. 21 de la loi du 8 juillet 1845 ne peut être invoqué pour punir comme contravention une fausse déclaration sur la nature d'un colis.

III. — La prescription, pour les contraventions punies de peines correctionnelles, est de trois ans.

DROIT DES GENS

I. — La naturalisation du mari en pays étranger n'entraîne pas pour la femme la perte de sa nationalité.

II. — Les crimes ou délits commis à bord d'un navire de guerre, dans un port étranger, échappent à la répression de la justice locale, si l'ordre public n'a été troublé.

Vu par le ***Président de la thèse :***
C. BUFNOIR.

Vu par le doyen :
Ch. BEUDANT.

Vu et permis d'imprimer :
Le Vice-Recteur de l'Académie de Paris,
GRÉARD.

Paris. — Typ. N. Blanpain, 7, rue Jeanne.

www.ingramcontent.com/pod-product-compliance
Ingram Content Group UK Ltd.
Pitfield, Milton Keynes, MK11 3LW, UK
UKHW021051230726
13926UKWH00004B/1776